dico atlas des mers et des océans

Histoire, géographie et géopolitique

Pierre Royer

Belin

8, rue Férou 75278 Paris cedex 06
www.editions-belin.com

AVANT-PROPOS

Depuis quelques années, des panneaux en deux langues au bout de la Bretagne annoncent en français « Finistère », mot issu du latin et signifiant « extrémité de la terre » et « Penn ar bed » en breton, ce qui se traduit par « tête du monde ». Dans un cas, la fin, dans l'autre le commencement; comment mieux exprimer la différence de regards sur la valeur des mers, sur leur rôle : obstacle, barrière pour le terrien, porte ouverte sur le monde pour le marin ?
Dans l'histoire et la géopolitique de la France, le premier regard l'a très nettement emporté sur le second. À l'heure où la mondialisation impose aussi une « maritimisation » des économies, il est temps que nous réalisions l'importance des espaces océaniques dans nos vies et dans les possibilités de développement, les atouts considérables de notre pays avec ses deux façades maritimes – la deuxième plus vaste ZEE mondiale – et des entreprises d'une compétence ancienne et reconnue. Enfin, les futurs citoyens vont recevoir au lycée un début de formation au « fait maritime », pris comme réalité géographique, historique, géopolitique et donc aussi culturelle. L'ambition de cet atlas est de contribuer à cette sensibilisation, pour le plus grand nombre, et de l'aider à visualiser les enjeux ancrés autour des océans.

L'Auteur

Les astérisques (*) renvoient à l'index-glossaire page 94.

Retrouvez l'ensemble de nos titres sur le site des Éditions Belin : www.editions-belin.com

PARTIE I Une terre-mer 4

ISBN 978-2-7011-7553-9

SOMMAIRE

PARTIE I

Une terre-mer

« La mer modèle les mœurs comme elle fait les rivages. »
André Suarès, *Trois hommes*, 1913.

Comme le corps humain est composé, en moyenne, de 70 % d'eau, la planète « Terre » est recouverte à 71 %… de l'eau des océans. Ou plutôt de l'Océan, car malgré la diversité des appellations et des caractères de cette immense masse de 360 millions de km^2 et à la différence des continents, les mers communiquent entre elles par des passages naturels et constituent donc un seul ensemble. C'est d'ailleurs la définition qu'en donne la Convention des Nations unies* sur le droit de la mer signée en 1982 (voir p. 50) : « étendues d'eau salée en communication libre et naturelle ». La « Terre » est donc, avant tout, une gigantesque mer qui contribue à réalimenter les continents en eau douce par le mécanisme de l'évaporation, puisque plus de 98 % des eaux de surface sont salées.

L'Océan mondial comporte 5 sous-ensembles, dont le plus vaste est l'océan Pacifique* qui couvre à lui seul un tiers de la planète – sa superficie équivaut à l'ensemble des terres émergées – et offre les fonds les plus profonds dans les grandes fosses qui bordent ses archipels occidentaux (Japon, Philippines). Il est suivi de l'océan Atlantique*, deux fois plus petit, et de l'océan Indien*. Les océans Arctique et Antarctique ne sont que des subdivisions conventionnelles des trois autres océans dans les zones froides (en général à partir du 60e degré de latitude, Nord ou Sud).

L'Atlantique déchaîné à la pointe des Poulains, sur Belle-Île (Bretagne sud)

CINQ OCÉANS

1 océan Pacifique*

- **Superficie :** 180 millions km²
- **Longueur des côtes :** 135 600 km
- **Profondeur moyenne / maximum :** 4300 / 10 900 m
- **Salinité moyenne :** 35 g/l
- **Nombre de sous-ensembles* officiels :** 28 + 19 (eaux intérieures indonésiennes)

2 océan Atlantique*

- **Superficie :** 94 millions km²
- **Longueur des côtes :** 112 000 km
- **Profondeur moyenne / maximum :** 3900 / 9200 m
- **Salinité moyenne :** 36,5 g/l
- **Nombre de sous-ensembles* officiels :** 21

3 océan Indien*

- **Superficie :** 75 millions km²
- **Longueur des côtes :** 66 500 km
- **Profondeur moyenne / maximum :** 4200 / 7400 m
- **Salinité moyenne :** 36,5 g/l
- **Nombre de sous-ensembles* officiels :** 15

4 océan glacial Antarctique* (ou océan Austral)

- **Superficie :** 20 millions km²
- **Longueur des côtes :** 18 000 km
- **Profondeur maximum :** 7 200 m
- **Salinité moyenne :** 34,7 g/l
- **Nombre de sous-ensembles* officiels :** 14

5 océan glacial Arctique*

- **Superficie :** 14 millions km²
- **Longueur des côtes :** 45 000 km
- **Profondeur moyenne / maximum :** 1 000 / 4 000 m
- **Salinité moyenne :** 35 g/l
- **Nombre de sous-ensembles* officiels :** 20

Les « frontières » conventionnelles des océans

- Atlantique / Pacifique : cap Horn, 56° S – 67° W : A ci-contre
- Atlantique / Indien : cap des Aiguilles, 34°50' S – 20° E : B ci-contre
- Pacifique / Indien : cap du Sud-Est, 43°40' S – 146°50' E : C ci-contre
- Limites océan glacial Arctique : 60° N
- Limites océan glacial Antarctique : 60° S (D ci-contre)

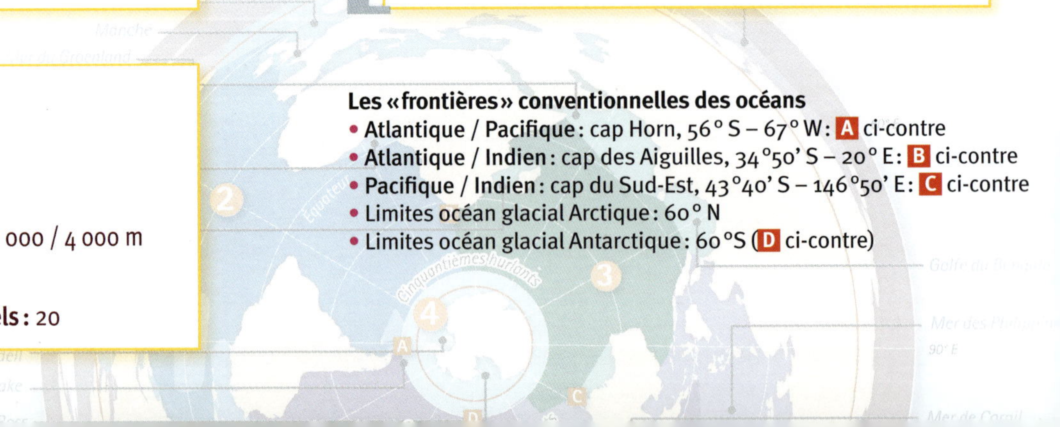

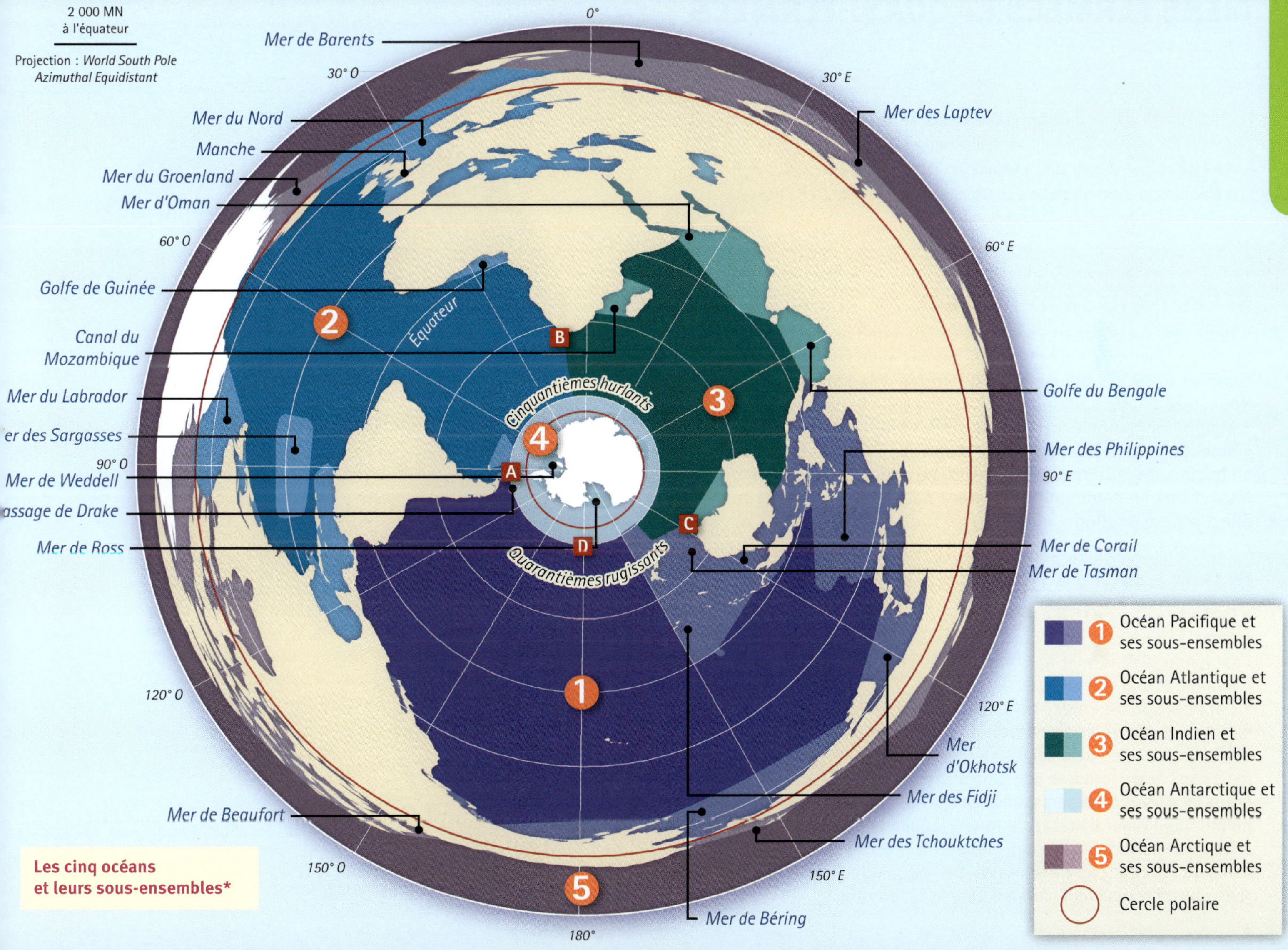

**Les cinq océans
et leurs sous-ensembles***

MERS FERMÉES ET QUASI-FERMÉES

Le saviez-vous ? Malgré la soixantaine de fleuves qui s'y jettent (dont le Nil, le Pô et le Rhône), la Méditerranée* s'évaporerait si elle était coupée de son alimentation par Gibraltar. L'eau de la Méditerranée met un siècle à se renouveler entièrement, la Baltique 40 ans du fait de son plus faible volume.

Les mers semi-fermées

- Toutes les mers appartiennent à l'Océan mondial, du moment qu'elles communiquent entre elles, même par un étroit passage, comme c'est le cas des mers quasi-fermées : Méditerranée, mer Noire, mer d'Azov, Baltique, mer Rouge et golfe Persique.
- Malgré leur caractère d'impasse, elles jouent un grand rôle géopolitique car elles permettent d'accéder à des zones riches en hydrocarbures (Russie, Moyen-Orient) et parce que l'homme les a mises en communication grâce notamment au canal de Suez, achevé en 1869.

Des « mers » ou des lacs ?

- Certaines étendues d'eau sont aussi qualifiées traditionnellement de « mers », alors qu'elles sont isolées de l'Océan : mer Caspienne, d'Aral, mer Morte, partagées entre plusieurs États riverains, et mar Chiquita, en Argentine.
- L'appellation de « mer » peut venir de leur taille (la Caspienne est le plus grand lac terrestre), de leur salinité (la mer Morte abrite les eaux les plus salées au monde, avec plus de 300 g/l) mais c'est avant tout une question d'usage, car il existe de nombreux lacs salés bien plus grands que la mer Morte (800 km²) ou même que la mer d'Aral (10 000 km²), qui n'occupe plus qu'un sixième de sa surface de 1960. Selon les termes de la Convention de Montego Bay*, ce ne sont pas des mers, à moins que leurs riverains ne le décident, comme pour la Caspienne.

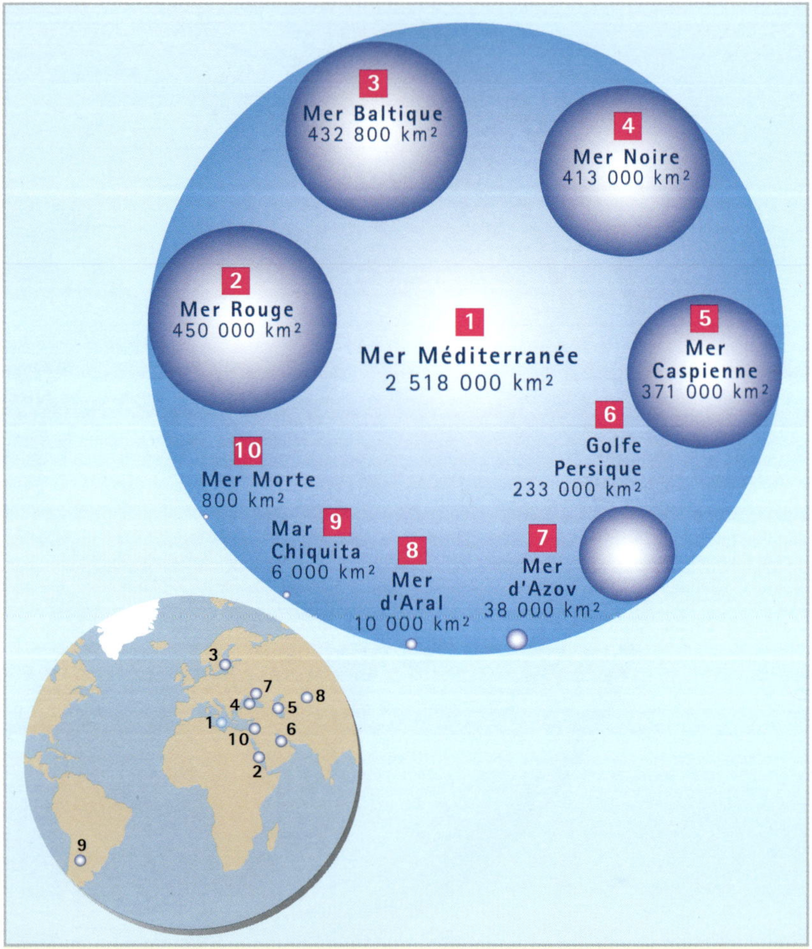

Surfaces recouvertes par les mers semi-fermées

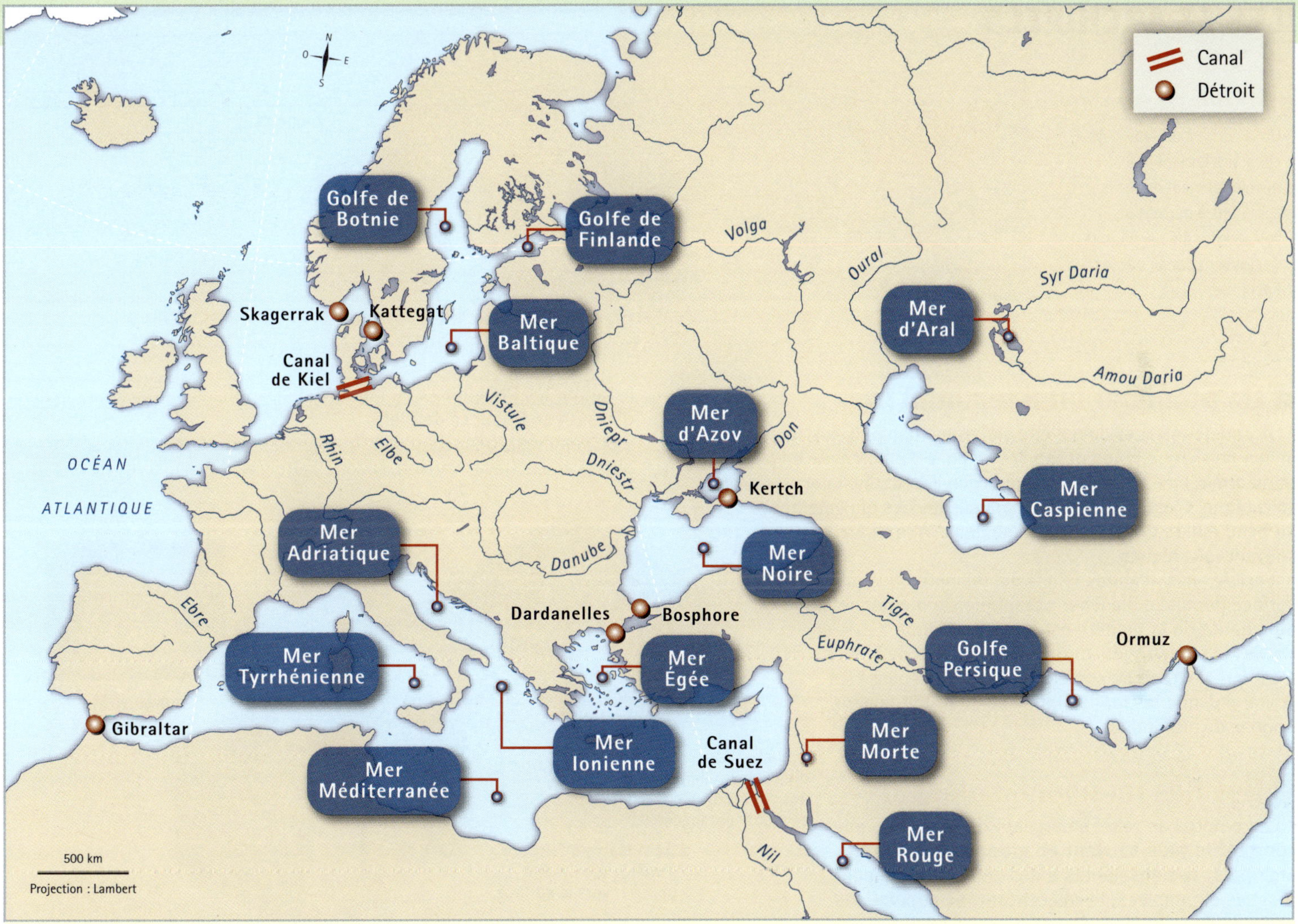

Les mers fermées et semi-fermées sont surtout situées autour de l'Eurasie.

ÎLES ET ARCHIPELS

Un **atoll** est un type d'îlot circulaire formé par le développement de récifs coralliens à partir d'un volcan effondré ; la plupart se trouvent dans l'océan Pacifique.

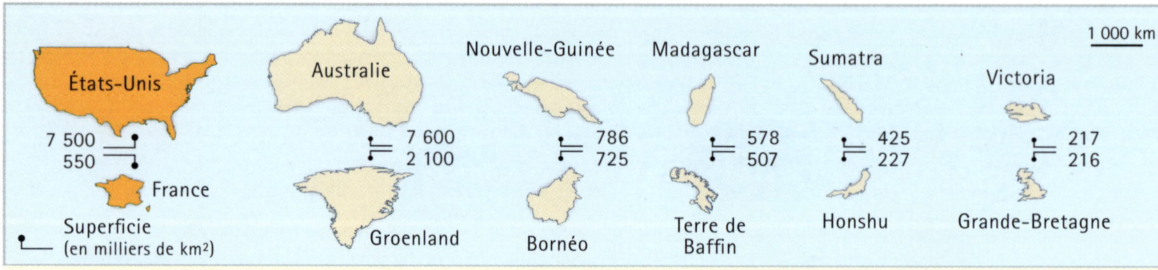

Les plus grandes îles du monde

Un plancher bien remuant !

• Le fond des mers est loin d'être plat et immuable ! Il existe à peu près au milieu de chaque grand océan des chaînes de montagne en perpétuelle transformation – les dorsales – qui connaissent une intense activité volcanique. C'est la raison pour laquelle les îles qui émergent au beau milieu de l'océan, comme dans l'Atlantique, sont souvent volcaniques.

• Il existe aussi d'autres reliefs qui remontent jusqu'à la surface depuis le plancher océanique. La montagne la plus haute de la planète est ainsi le « Mauna Kea », à Hawaï : si son altitude au-dessus du niveau de la mer n'est que de 4200 m, son élévation totale dépasse les 10 km puisque les fonds marins alentour ont environ 6000 m de profondeur.

Des îles rarement isolées

• Ces pointes de relief émergeant de la mer se rencontrent le plus souvent en grappes : on appelle archipels* ces ensembles d'îles géographiquement proches et peuplées, le cas échéant, de populations apparentées. Il existe des archipels constitués d'à peine quelques îles et, à l'inverse, des pays comme le Japon, les Philippines ou l'Indonésie composés de plusieurs milliers d'îles (13 466 pour ce dernier).

• Évidemment, beaucoup sont trop petites pour être habitées, mais les plus grandes (Java, Honshu, Luçon...) atteignent des records de densité.

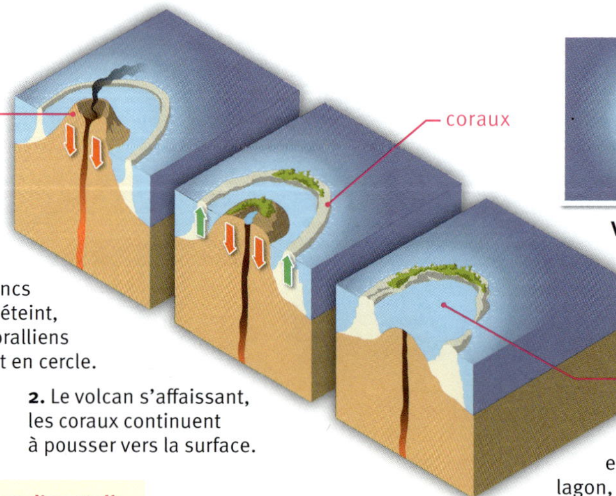

1. Sur les flancs d'un volcan éteint, des récifs coralliens se disposent en cercle.

2. Le volcan s'affaissant, les coraux continuent à pousser vers la surface.

3. L'ancien cratère est remplacé par un lagon, cerné par des récifs coralliens presqu'ininterrompus.

Vue verticale

La formation d'un atoll

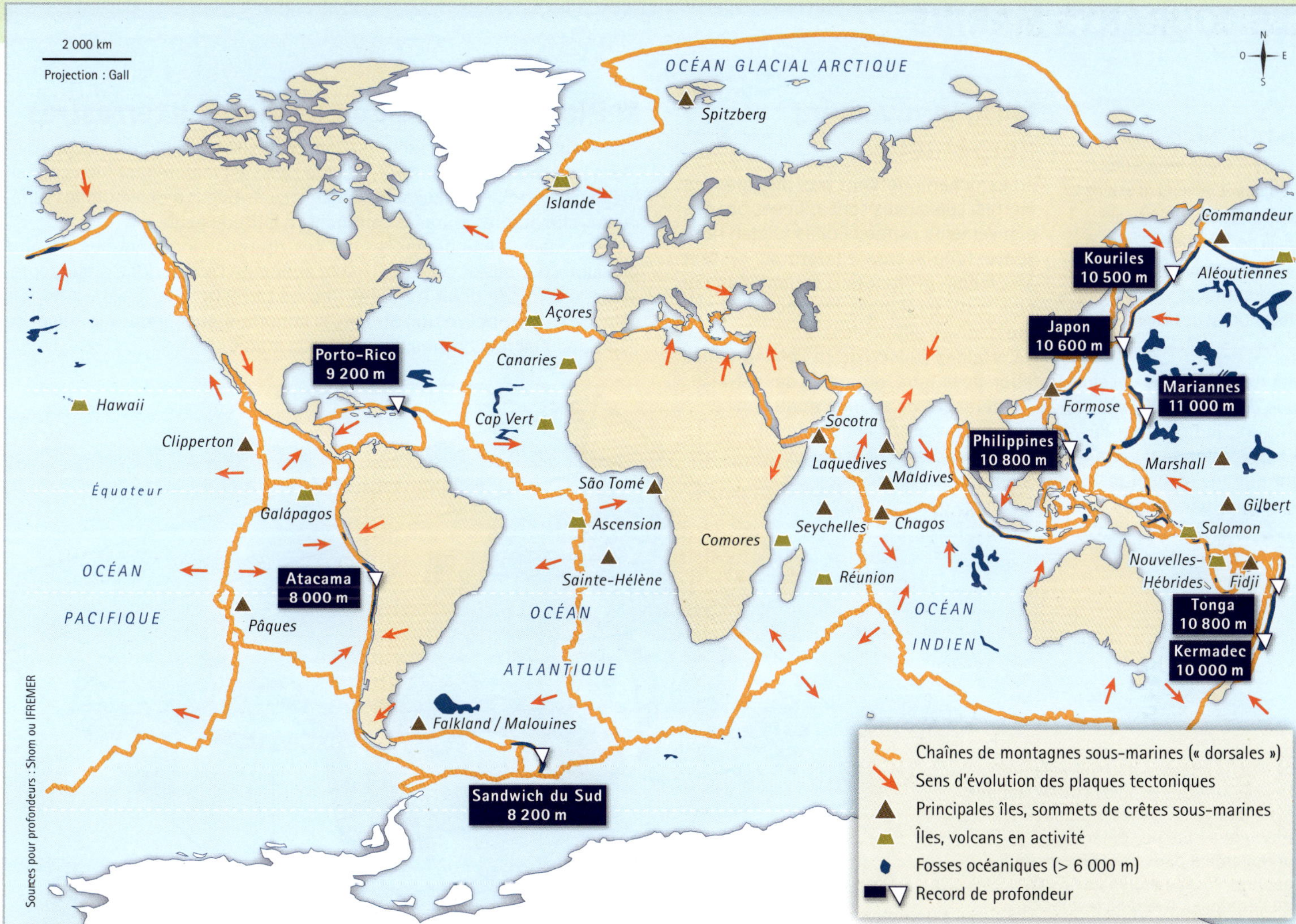

Les fonds marins et les archipels

LES COURANTS MARINS

Le **Gulf Stream** est un courant chaud venant des Antilles et remontant le long de la côte américaine ; au-delà de Terre-Neuve, orienté à l'Est, il devient « dérive nord-atlantique » et baigne tout l'Ouest de l'Europe.

Un mouvement perpétuel

• Les océans ne sont pas des masses inertes. Leurs eaux sont animées par des mouvements continus dans le plan horizontal (déplacement latéral en restant à la même profondeur) comme dans le plan vertical (plongée et remontée à des profondeurs différentes).

• Certaines causes de ces phénomènes sont extérieures aux océans (rotation de la Terre, attraction des astres) mais d'autres sont internes : les différences de salinité et de température, induites par l'évaporation, le rayonnement solaire et donc la profondeur entraînent des différences de densité qui font que les eaux plus lourdes s'enfoncent, remplacées en surface par de plus légères, à l'image de ce qui se passe avec les masses d'air de l'atmosphère.

Plus puissants que les fleuves terrestres

• La circulation thermohaline* (schéma ci-dessous) est liée de façon complexe aux courants de surface, dont la carte est maintenant bien connue (page ci-contre). Ces deux mouvements contribuent à expliquer les différences climatiques entre les continents à latitude égale.

• Les masses d'eau déplacées par ces courants sont énormes : le plus puissant courant est celui qui circule autour de l'Antarctique et qui représente 100 fois le débit total des fleuves terrestres, ou encore 600 fois celui de l'Amazone ! Le Gulf Stream, si important pour adoucir le climat de l'Europe, n'en met en mouvement que la moitié.

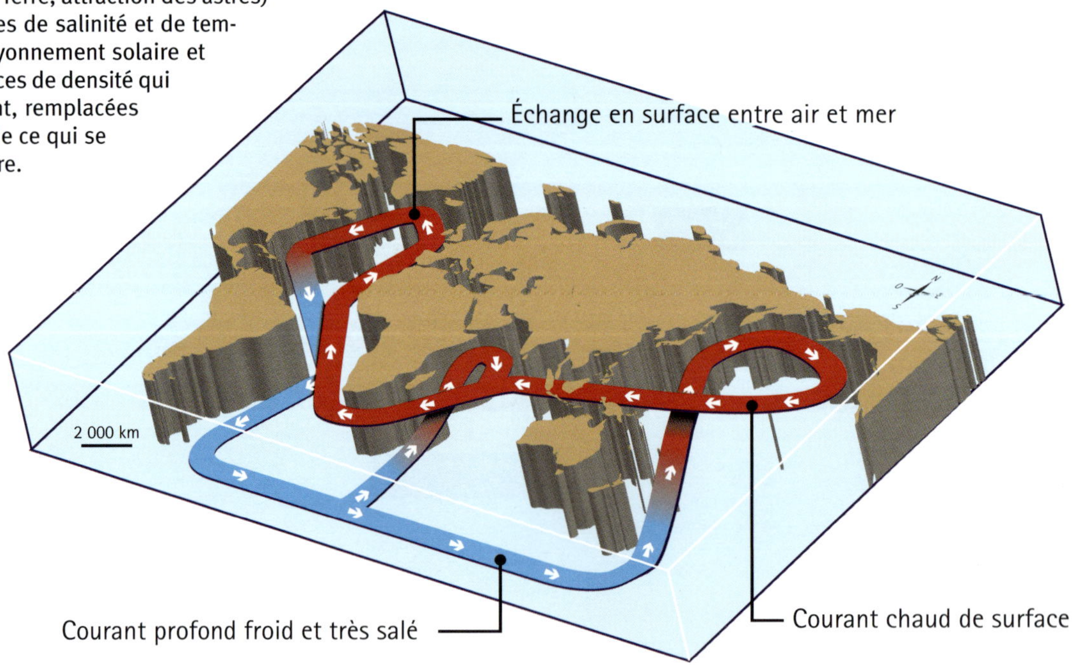

Le « tapis roulant » des courants profonds
Les eaux denses et froides de l'Atlantique Nord plongent vers les profondeurs, tournent autour de l'Antarctique et remontent dans le Pacifique Nord ou dans l'océan Indien au niveau de l'équateur, avant de revenir dans l'Atlantique en longeant l'Afrique. Un tour complet prend environ 1 000 ans !

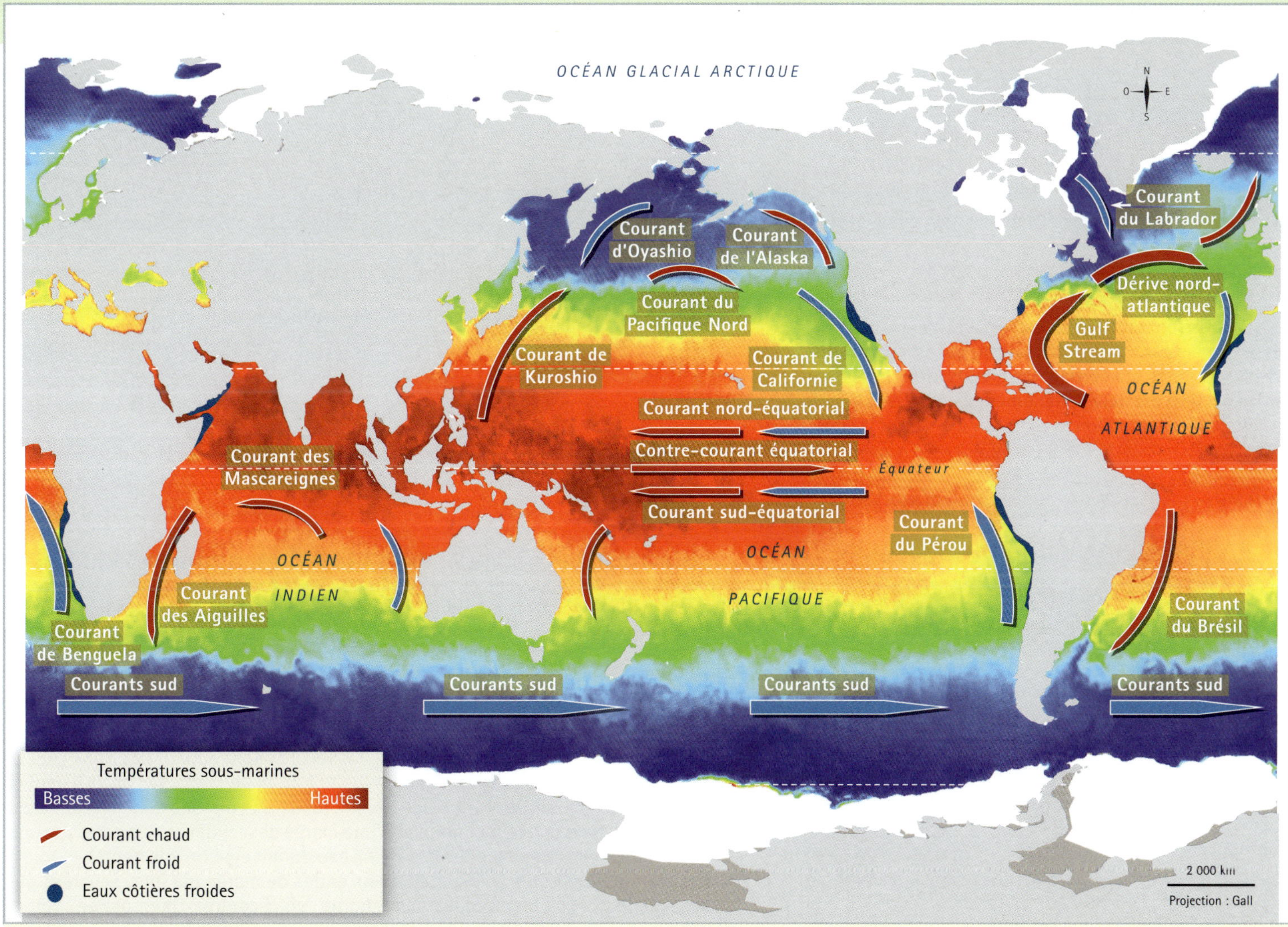

Les principaux courants marins

LES MARÉES

Le coefficient de marée permet de calculer les hauteurs atteintes à la pleine mer et à la basse mer. Coefficient moyen = 70. Grandes marées (ou « de vive eau ») entre 70 et 120 ; marées faibles (ou « de morte eau ») entre 20 et 70.

Le Soleil a rendez-vous avec la Lune

• Les marées sont un mouvement régulier d'élévation et de baisse du niveau des masses liquides, qui est surtout sensible sur les côtes qui bordent les grands océans. Ce mouvement est dû à plusieurs phénomènes, mais celui qui a le plus d'effet est l'attraction exercée par le Soleil et la Lune.

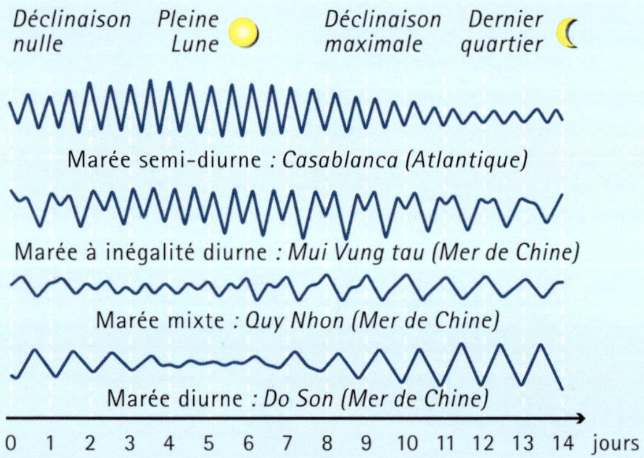

Variations de l'amplitude des marées sur les 2 semaines d'un demi-cycle lunaire. Plus les ondulations sont fortes, plus les coefficients de marée sont élevés. La 2e moitié du mois lunaire (nouvelle lune, premier quartier) répète le même cycle.

Les quatre types de marée

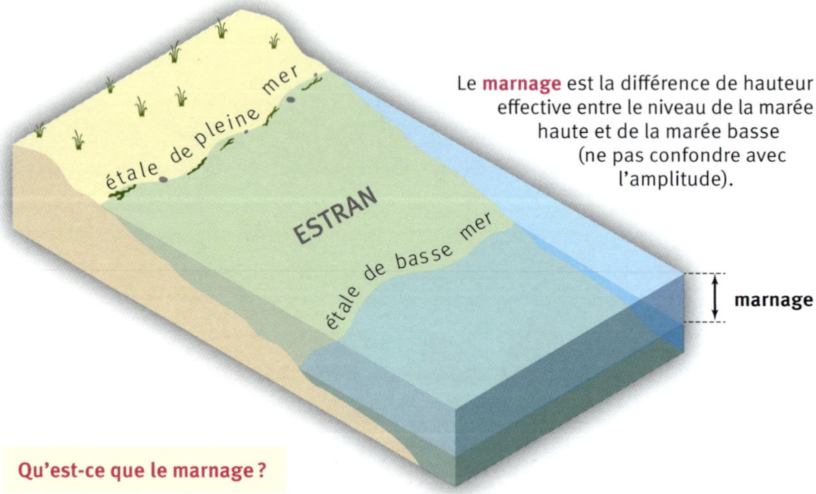

Le **marnage** est la différence de hauteur effective entre le niveau de la marée haute et de la marée basse (ne pas confondre avec l'amplitude).

Qu'est-ce que le marnage ?

• Quand ces astres sont alignés sur un même axe par rapport à la Terre, ce qui se produit lors des nouvelles et pleines lunes, leurs forces s'ajoutent, donnant des marées « de vive eau » ; quand ils sont sur des axes perpendiculaires, on est en marée « de morte eau ».

Des marées très inégales

• Les marées sont faiblement ressenties dans les archipels* au milieu des océans et dans les mers fermées. En revanche, les records sont enregistrés dans l'Atlantique* Nord (baie de Fundy au Canada : jusqu'à 16 m de marnage* en vive eau) et dans la Manche (baie du Mont-Saint-Michel : jusqu'à 13 m). Une onde de marée est l'ensemble d'une marée montante et d'une marée descendante, séparées par une « étale » de pleine mer (stabilisation du niveau durant environ une heure).
• La majorité des côtes connaissent deux ondes de marée par jour, séparées par une étale de basse mer (régime semi-diurne : cf. ci-contre). Une « marée » (montante ou descendante) dure donc environ 5 h. De rares régions n'ont qu'une seule onde par jour (régime diurne), avec des marées dépassant 10 h.

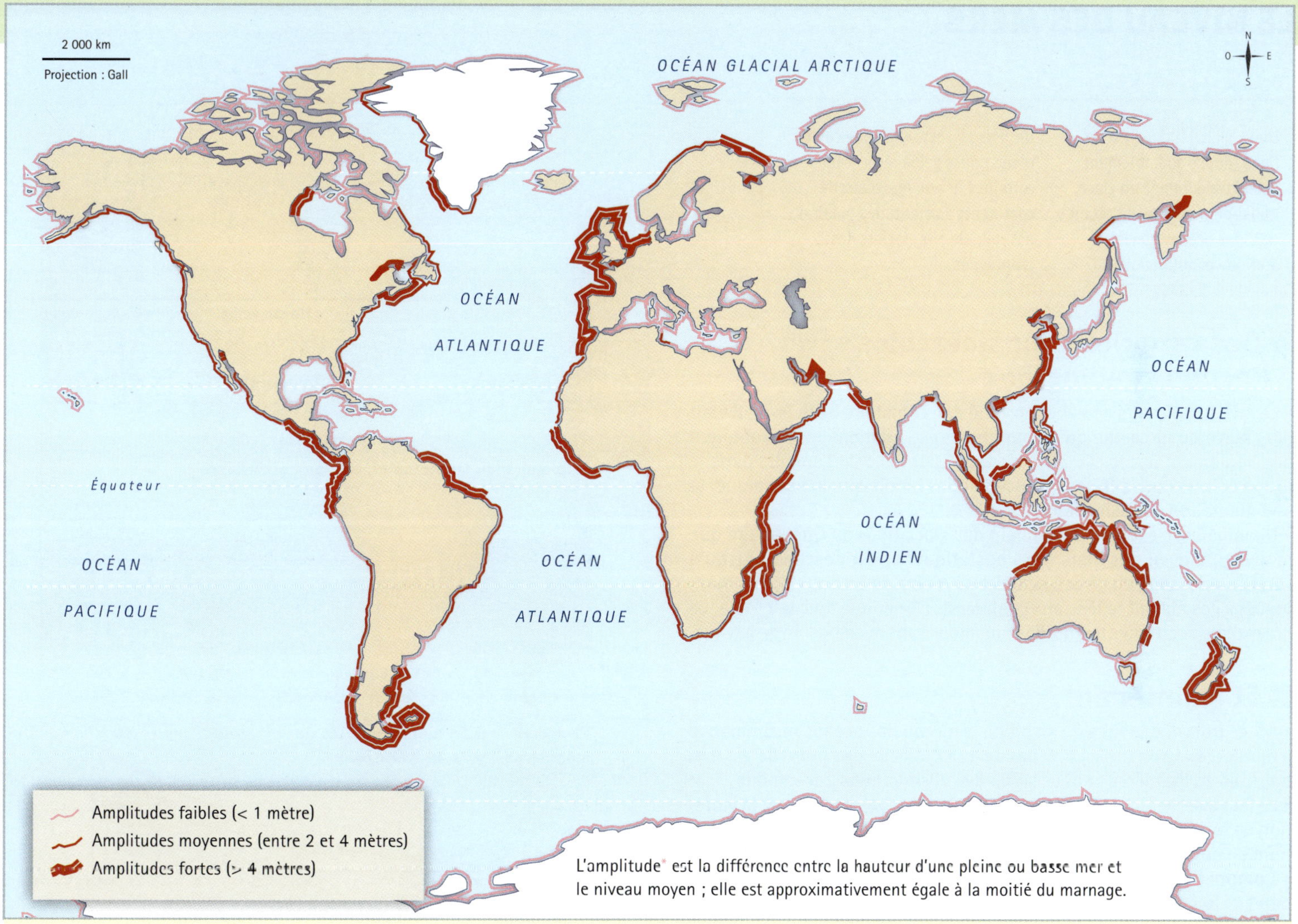

Les marées dans le monde

LE NIVEAU DES MERS

Une **banquise**, c'est de l'eau (douce ou faiblement salée) transformée en glace quasi-permanente et flottant dans les océans glacials arctique et antarctique.

Un **inlandsis**, c'est une calotte d'eau douce gelée recouvrant certaines îles ou morceaux de continents aux latitudes polaires ; assimilable aux glaciers des montagnes.

Des variations considérables à l'échelle géologique

• Le niveau des mers a beaucoup varié dans l'histoire de la Terre. Il était plus élevé en moyenne qu'aujourd'hui. Ces variations ne s'expliquent pas seulement par le climat, mais aussi par les changements dans la forme et le volume des bassins océaniques induits par la tectonique, la sédimentation, l'érosion, etc.

• Néanmoins, c'est bien au moment des glaciations du Quaternaire que le niveau moyen des mers (ou « eustatique* ») est descendu jusqu'à 120 m au-dessous du niveau actuel il y a moins de 20 000 ans : de nombreuses îles étaient reliées aux continents, l'Amérique touchait l'Asie, ce qui explique certaines migrations humaines sans avoir besoin de navires.

Et maintenant ?

• Après trois millénaires de stabilité, le niveau des océans recommence à monter, à raison d'1 à 3 mm par an au XXe siècle, de l'ordre de 3,2 mm dans les 20 dernières années selon des observations par satellite.

• Le lien avec le réchauffement climatique n'est pas certain, car la variation de température est plus irrégulière et peut jouer de façon contradictoire en augmentant l'évaporation.

• Compte tenu de la fonte des inlandsis (celle de la banquise agit très peu sur le niveau eustatique), les scientifiques prévoient entre 60 cm et 5 m d'élévation d'ici à 2 100, et de 10 à 20 m de plus à l'aube du prochain millénaire...

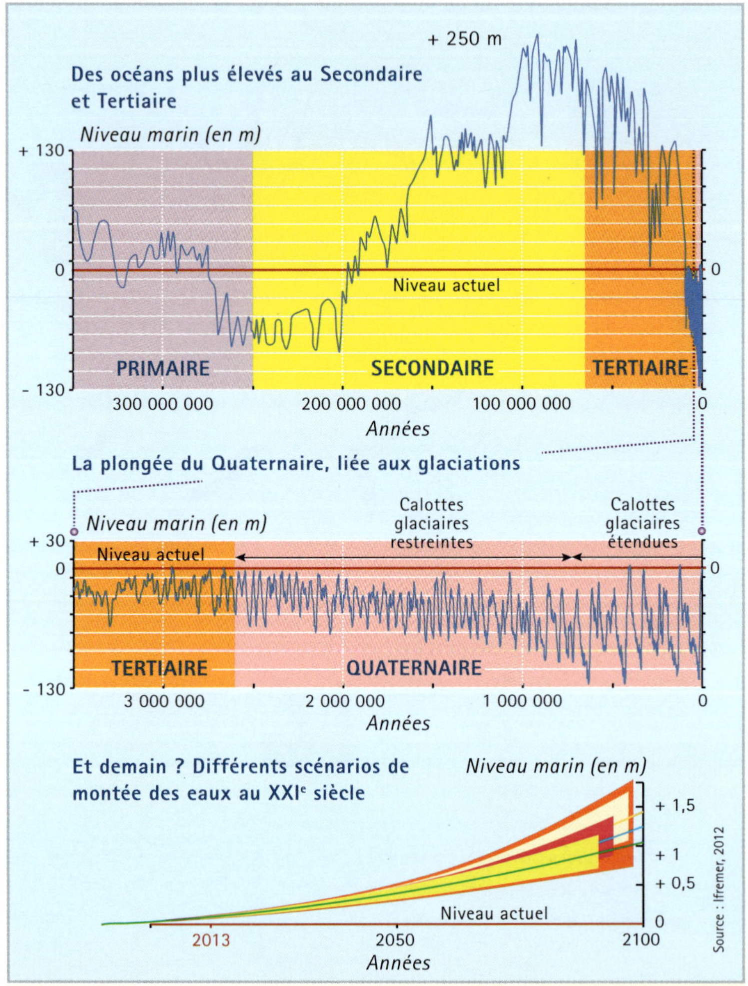

Variations du niveau des mers depuis les origines

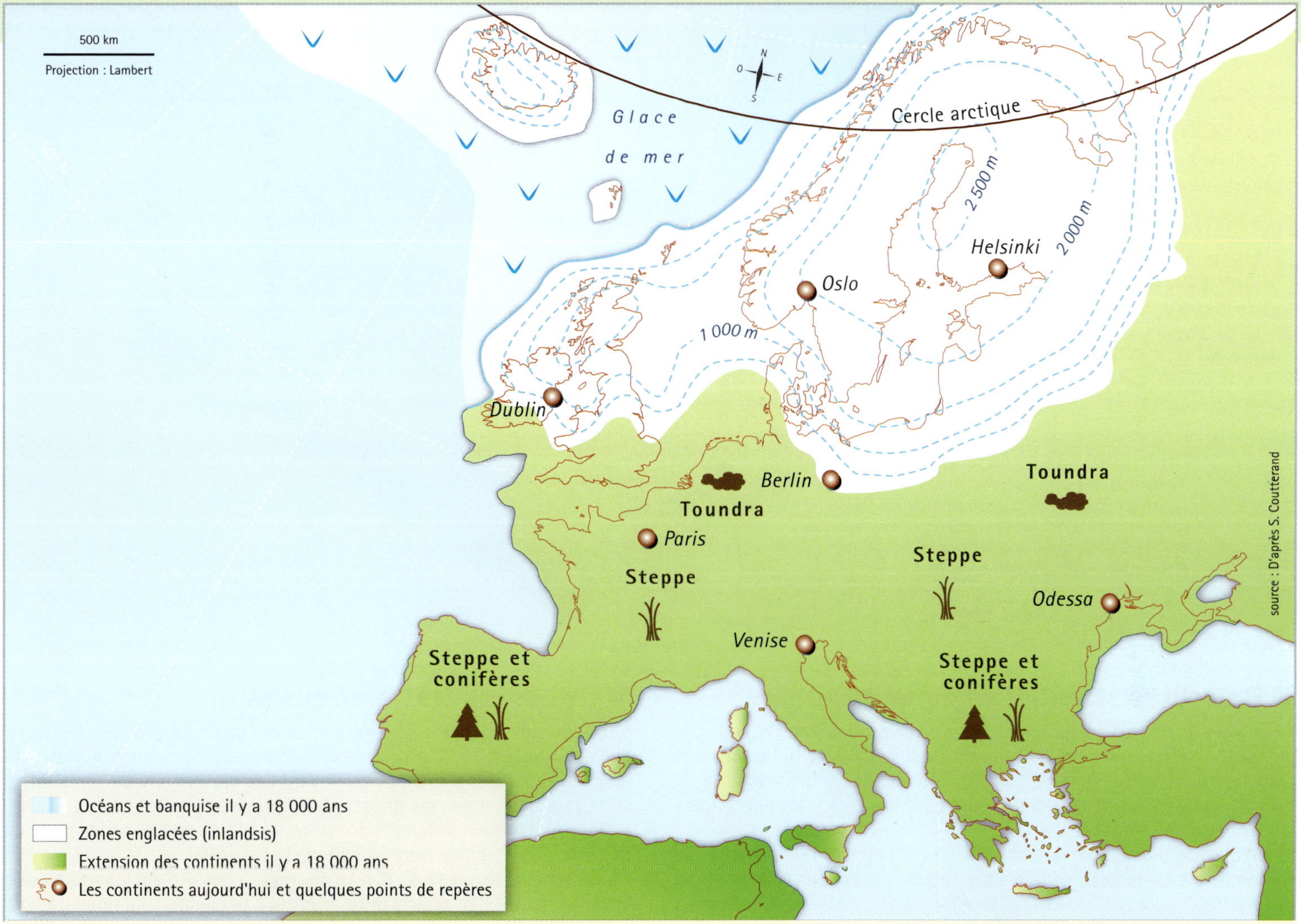

Les océans à leur minimum, il y a 18 000 ans.

LES CÔTES ROCHEUSES

Un **estuaire** est l'accès d'un fleuve à la mer comportant une voie unique.

Un **delta** est l'accès d'un fleuve à la mer par un ensemble de ramifications dessinant plus ou moins un triangle, forme de la lettre grecque delta majuscule.

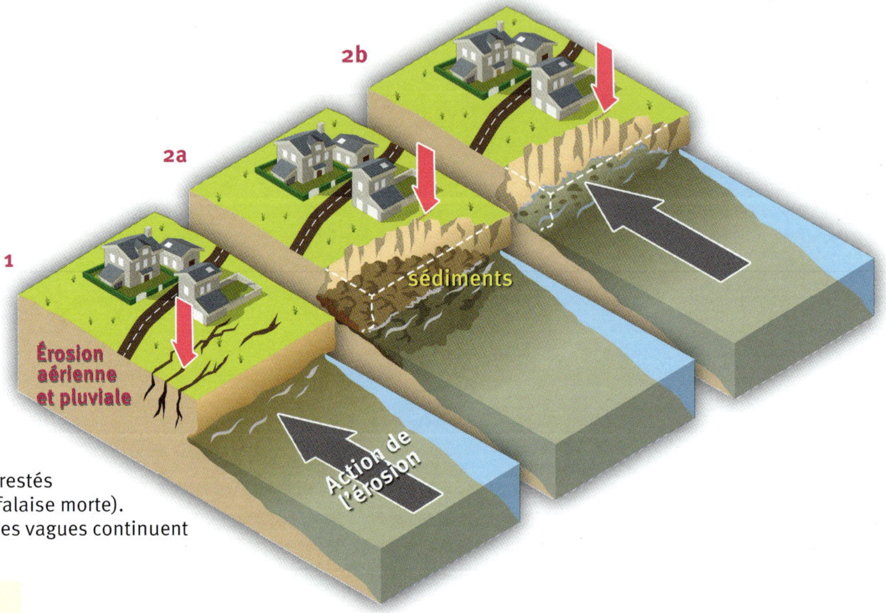

1. La base des falaises est soumise à l'érosion des vagues.
2a. Après éboulement, les morceaux restés sur place peuvent bloquer l'érosion (falaise morte).
2b. Si les sédiments sont emportés, les vagues continuent d'attaquer la roche (falaise vive).

L'évolution d'une côte à falaises*

Des côtes stabilisées ou en recul

• Les côtes rocheuses présentent deux types de contact avec l'océan : soit un rivage bas mais escarpé, s'élevant à quelques mètres au-dessus des eaux ; soit une côte sensiblement rectiligne dominée par des falaises pouvant atteindre plusieurs dizaines de mètres d'élévation – les plus hautes falaises littorales dépassent 600 m, voire 1 000 m à Hawaï.
• Les côtes rocheuses sont toujours soumises à l'érosion des vagues et du vent et tendent à reculer, sauf lorsque l'accumulation des sédiments ou une baisse du niveau des mers les protège du contact direct avec la mer ; on parle alors de « falaise morte », par opposition à la « falaise vive » qui continue d'évoluer.

Des côtes très sinueuses

• Les côtes rocheuses offrent généralement un dessin très sinueux, sauf dans les régions de falaises calcaires. Les variations eustatiques* ont pu créer des côtes à falaises en noyant des vallées fluviales très loin à l'intérieur des terres : les géographes appellent « côtes à rias » ces formations qui portent différents noms locaux (*abers* en Bretagne, *fjords* en Norvège...). Il s'agit de cas particuliers d'estuaires.
• Inversement, la baisse du niveau des mers a laissé d'anciennes falaises littorales isolées en pleine terre, parfois à plusieurs centaines de kilomètres de la mer (Bandiagara au Mali).

Côte de granit rose en Bretagne du Nord (côte rocheuse basse)

Vue satellite des fjords au sud de la Norvège (côte à rias)
À droite : la plus haute falaise* d'Europe (604 m) à Preiskestolen, dans le Lysefjord (Norvège)

LES CÔTES PLATES

Lagune : étendue marine presque totalement séparée de la haute mer par des cordons dunaires, le long d'une côte basse.

Lagon : étendue marine incluse au sein d'un atoll (p. 10).

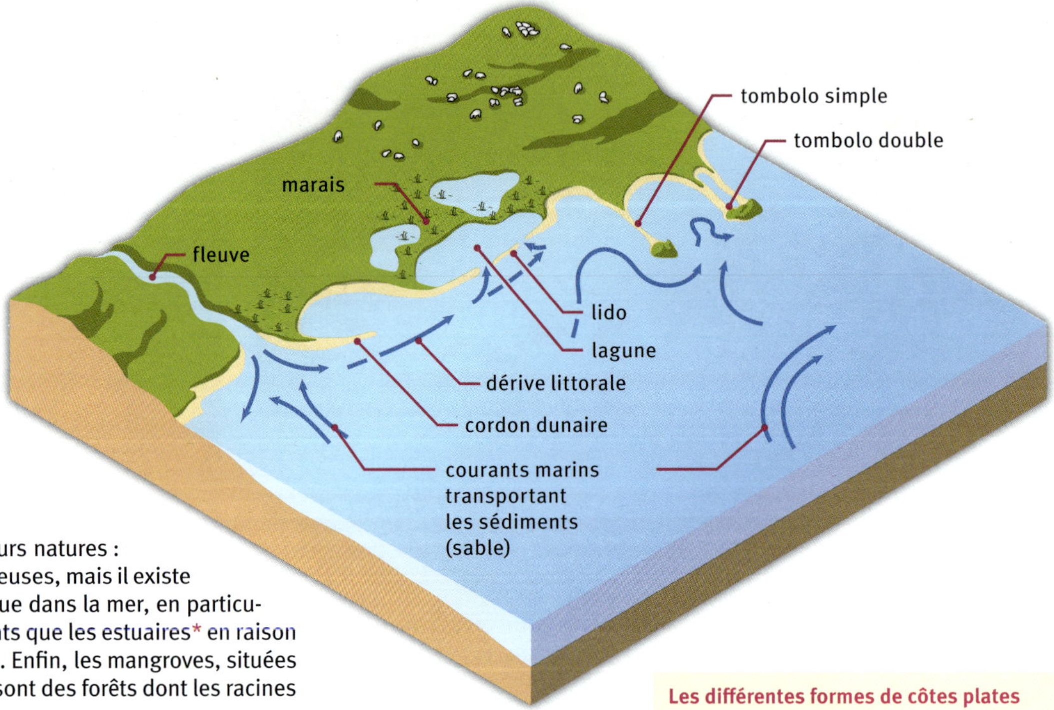

Les différentes formes de côtes plates

Une grande diversité de côtes

• Les côtes plates peuvent être de plusieurs natures : les plus fréquentes sont les côtes sablonneuses, mais il existe aussi des marécages se prolongeant jusque dans la mer, en particulier dans les deltas*, qui sont plus fréquents que les estuaires* en raison des faibles pentes et de la nature des sols. Enfin, les mangroves, situées exclusivement dans les zones tropicales, sont des forêts dont les racines plongent dans l'eau saumâtre.

• Les côtes de sable peuvent apparaître sous forme de dunes, parfois très élevées (la dune du Pyla, en Gironde, dépasse 100 m ; elle est la plus haute d'Europe) ou sous forme de falaises* de quelques mètres de dénivelé lorsque le sable se dresse en escarpement.

Des côtes en transformation perpétuelle

• Les côtes plates évoluent davantage et plus vite que les côtes rocheuses, parce qu'elles sont moins résistantes au double phénomène de l'érosion et du comblement, sous l'action de la mer et des vents.

• Si l'érosion arrache en effet des matériaux aux littoraux, les courants marins les transportent et les déposent plus loin et les fleuves charrient aussi des alluvions pouvant être rapportées vers les côtes. De sorte que certains littoraux avancent, les dépôts comblant progressivement les espaces aquatiques, notamment les lagunes isolées partiellement de la mer, tandis que d'autres reculent. Ces contrastes s'observent parfois à quelques kilomètres seulement de distance.

La plus célèbre lagune du monde : Venise
1. Mestre 2. Venise 3. Lido

Une mangrove littorale en Asie du Sud-Est. On en trouve surtout en Afrique subsaharienne, en Asie du Sud-Est et en Australie, ainsi que sur les côtes atlantiques d'Amérique.

La plus haute dune d'Europe : la dune du Pyla (ou Pilat) près d'Arcachon. Elle culmine à 110 m.

LA MER, ATTRACTIVE ET MENAÇANTE

Le mot **tsunami** est d'origine japonaise. Élévation brutale du niveau de l'océan sur les côtes après un tremblement de terre sous-marin (syn. : raz-de-marée).

Un **cyclone**, en climat tropical, est une tempête tourbillonnante provoquée par l'échauffement de la surface de la mer (plus de 26°) au centre d'une zone de basse pression atmosphérique. Se produisent majoritairement en fin d'été – début d'automne (syn. : ouragan, typhon).

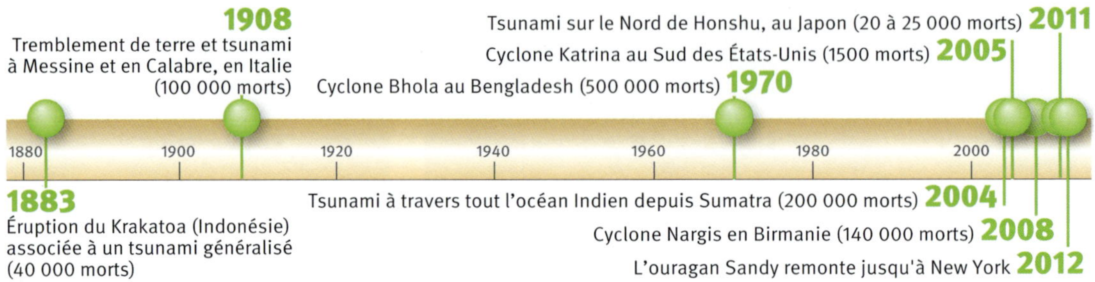

L'humanité attirée par les côtes

- Le premier facteur d'explication de la répartition des hommes dans l'espace est l'ancienneté du peuplement : si un tiers de l'humanité, soit près de 2,5 milliards d'individus, vit à moins de 100 km de la mer, c'est que ses ancêtres y sont installés depuis longtemps.
- Les plus grandes agglomérations mondiales sont presque toutes situées dans cette frange littorale élargie : sur 30 mégapoles de plus de 10 millions d'habitants, 19 sont des ports ou en communication directe avec la mer. À moins de 200 km d'un littoral, on en trouve 4 supplémentaires (dont Beijing et Paris) et la moitié de l'humanité.
- Cette tendance s'accentue avec la littoralisation des industries et le développement du tourisme.

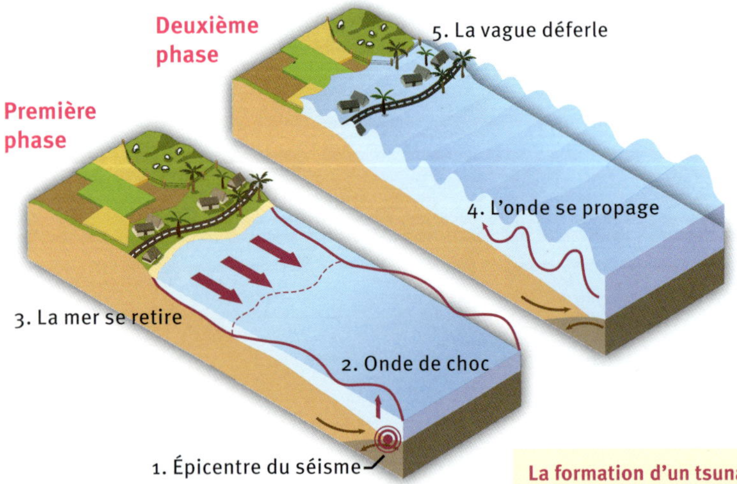

La formation d'un tsunami

Les littoraux : des espaces menacés

- Pourtant, la proximité de la mer n'est pas sans risque. Même dans les milieux tempérés, la violence de certaines tempêtes peut provoquer des inondations dans les zones de faible altitude, et ce risque augmentera avec l'élévation du niveau des océans (voir p. 16). Dans les zones tropicales, les cyclones menacent régulièrement les côtes. Enfin, les mers où l'activité sismique sous-marine est intense (océans Indien* et Pacifique*, Méditerranée*, voire Caraïbes*) connaissent des tsunamis.
- Plus les humains se concentreront sur les côtes, plus ces phénomènes seront dévastateurs et meurtriers, surtout dans les pays les plus pauvres, comme l'a montré la décennie passée, même si les systèmes d'alerte et de prévention se développent.

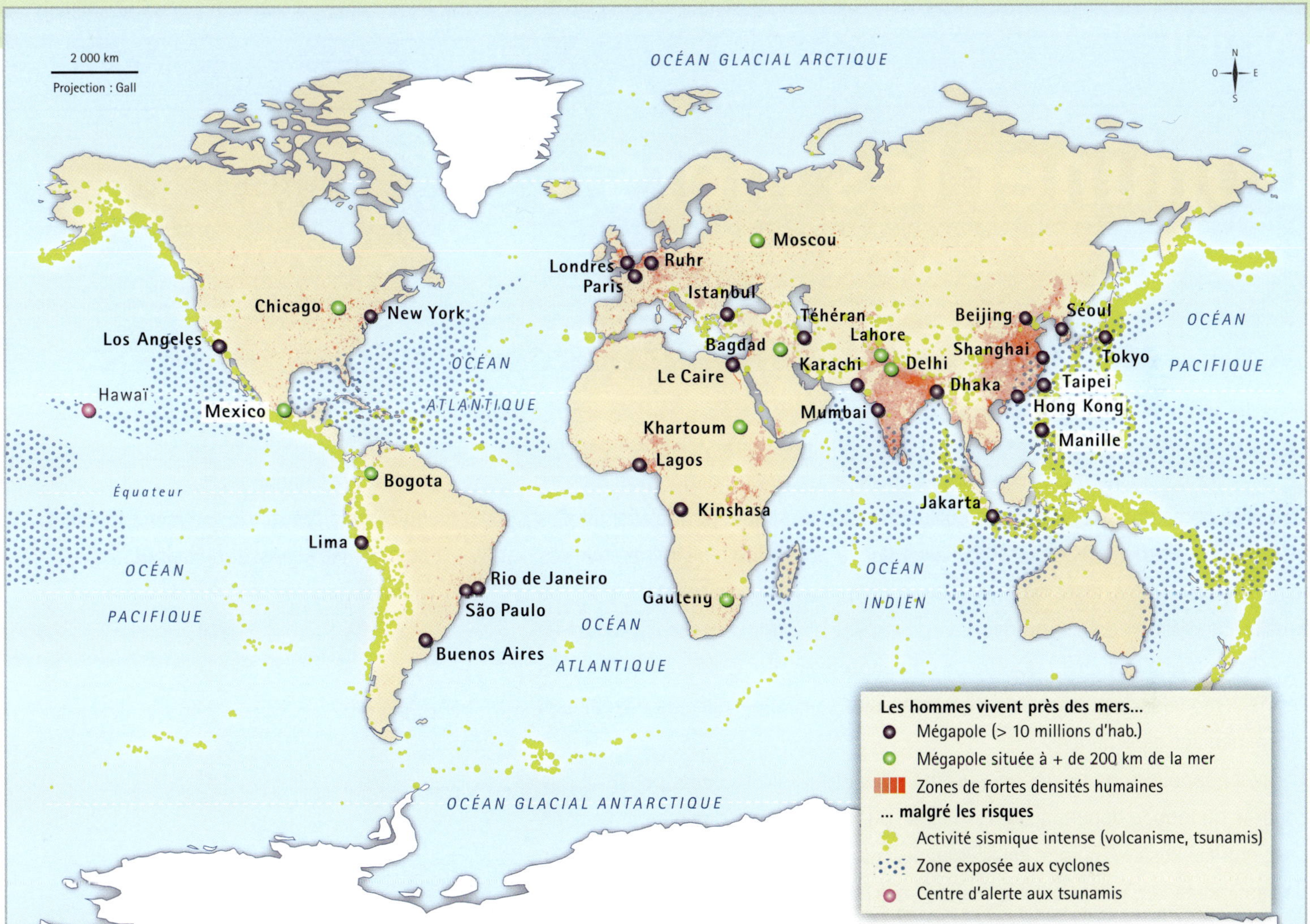

Les littoraux, des zones peuplées donc à risques

PARTIE II

Dominer les mers

Les grandes puissances se partagent en deux catégories : celles dont la force vient majoritairement d'un territoire riche et d'une population nombreuse, et celles qui s'appuient sur leur domination des mers pour s'assurer des revenus du commerce et de la pêche ainsi que la possibilité d'aller chercher très loin ressources rares, alliés ou mercenaires. En termes géopolitiques, on parle du « maître de la Terre » dans le premier cas, de « maître de la Mer » (ou thalassocratie*) dans le second. L'Histoire nous offre de nombreux exemples d'affrontements entre ces deux modèles de puissance, car aucun empire, sauf Rome, n'a réussi à maîtriser pleinement les deux dimensions.

Les géopoliticiens européens, allemands surtout, ont toujours pensé que le contrôle du monde dépendait de la maîtrise du *Heartland*, zone continentale comprise entre la Russie d'Europe et l'Allemagne. Les Américains, au contraire, à la suite de l'amiral Mahan, voient dans la maîtrise des mers un moyen d'agir en n'importe quel point des continents, tout en garantissant les communications avec le reste du monde.

« Quiconque contrôle la mer
contrôle le commerce ;
quiconque contrôle le commerce mondial
contrôle les richesses du monde,
et conséquemment le monde en soi. »

Sir Walter Raleigh (1552-1618),
navigateur, explorateur et écrivain anglais.

Ivan K. Aïvazovsky, *Vue de la bataille de Navarin*, 1846. Destruction de la flotte ottomane par une escadre franco-anglo-russe. Cette bataille du 20 octobre 1827 favorisa l'indépendance de la Grèce et amorça la décadence de l'Empire ottoman.

LES CARTES MARINES

Un **portulan** est le premier type de carte marine établi en Italie, puis en Espagne et au Portugal. Comporte le dessin des côtes et des indications nautiques (axes des vents, détails des côtes, distances...).

- **vers 1290** Premier portulan connu (Gênes)
- **1339** Premier portulan majorquin
- **1375** *Atlas catalan* d'Abraham Cresques
- **1409** Traduction en latin de la *Géographie* de Ptolémée qui comporte 27 cartes
- **1492** Premier globe terrestre de Martin Behaïm
- **1507** Atlas de Waldseemüller où apparaît le nom « Amérique »
- **1569** *Carte du monde à l'usage des navigateurs* de Mercator

Carte-portulan d'A. Dulcert, Majorque, 1339, BNF, Paris

Les cartes : de l'image à la réalité

• Cartographier le monde s'est longtemps limité à une alternative entre une petite échelle pour décrire la terre sans grande précision, ou une grande échelle pour établir des plans, des cadastres. Les cartes du Moyen Âge sont influencées par des données religieuses autant que scientifiques, jusqu'à l'apparition des portulans, dressés à la suite de voyages lointains par les navigateurs ou les marchands.

• L'Italie et l'Espagne constituent le foyer de cette nouvelle science exacte et font un pont entre la géographie antique, la cartographie arabe et les grandes expéditions maritimes qui commencent au XVe siècle (voir p. 31).

Les cartes marines : des instruments complets

• Les cartes marines sont comme autrefois à la pointe des technologies, utilisant l'observation et l'imagerie par satellite. Y figurent toujours des indications nautiques précises : « alignement » à suivre pour accéder à un port, détail du balisage pour se repérer même la nuit, épaves dangereuses ou hauts-fonds* formés récemment (d'où la nécessité de mises à jour régulières).

• Les indications de profondeur permettent, avec un annuaire des marées, de calculer les hauteurs d'eau au moment où l'on arrive au port. Les GPS et autres calculateurs peuvent remplacer l'homme pour ces calculs, mais tous les bateaux n'en sont pas pourvus...

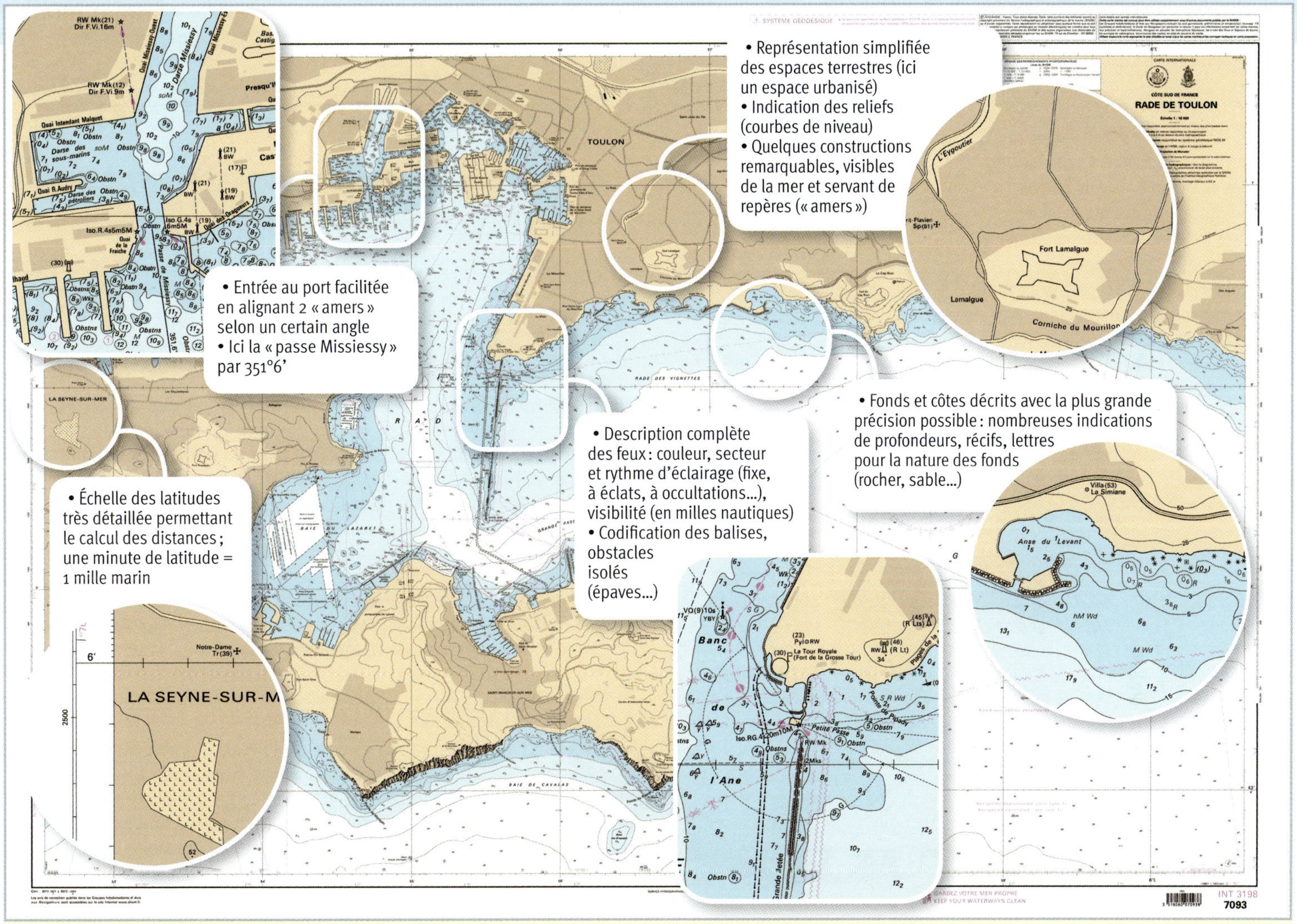

Carte marine de la rade de Toulon, établie par le Service hydrographique et océanographique de la Marine (SHOM), 2012

LES CHINOIS ONT-ILS DÉCOUVERT L'AMÉRIQUE ?

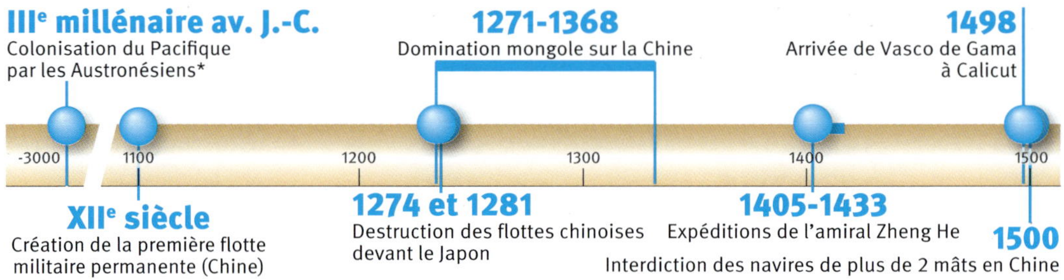

L'austronésien est un groupe auxquelles appartiennent 1 200 langues parlées en Océanie, Asie du Sud-Est et dans une partie de l'océan Indien. D'autres facteurs de civilisation communs laissent penser qu'il a existé des contacts réguliers et probablement des migrations de Madagascar à la Polynésie et à la Nouvelle-Zélande, en passant par l'Indonésie et la Malaisie, au départ de la Chine du Sud et de Taïwan.

L'Asie tournée vers la mer

- L'Asie connaissait de puissantes civilisations maritimes avant l'arrivée des Européens, à l'image du royaume Champa au Vietnam ou des États de l'archipel indo-malais comme Singasari (XIIIe siècle) sur Java ou encore Mojopahit* (XIVe-XVe siècles) qui fédéra à peu près l'Indonésie actuelle et dont la prospérité reposait largement sur le commerce extérieur.
- Les Chinois ont utilisé la boussole et un gouvernail axial bien avant les Européens. Au début de la dynastie Ming, l'eunuque Zheng He mène sept expéditions de l'Indonésie jusqu'en Afrique orientale, peut-être à Madagascar. Une expédition serait même passée dans l'Atlantique. En revanche, les preuves d'une arrivée en Australie voire, selon la thèse de G. Menzies, en Amérique, sont insuffisantes.

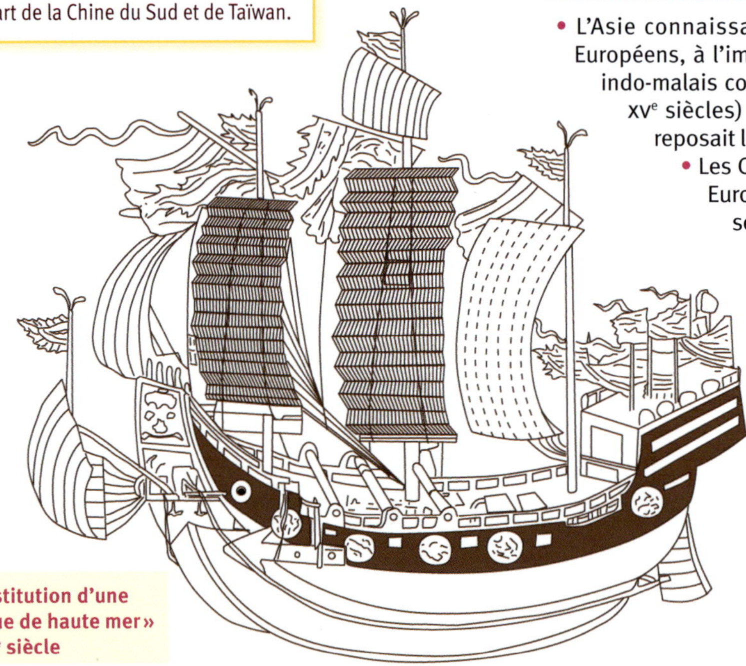

Reconstitution d'une « jonque de haute mer » du XIIIe siècle

Des expéditions sans lendemain

- Affaibli par une guerre civile (1404-1406), Mojopahit périclita au XVe siècle ; le Champa fut vaincu par le Vietnam, puissance terrestre, vers 1470. En Chine, les mandarins, défenseurs d'une civilisation agraire et effrayés du coût des expéditions maritimes, avaient déjà convaincu le successeur de l'empereur Ming Yongle de donner la priorité aux défenses contre les Mongols : toute trace officielle des voyages de Zheng He fut détruite et l'Asie tourna le dos à la mer au moment où les Portugais arrivaient dans l'océan Indien*.

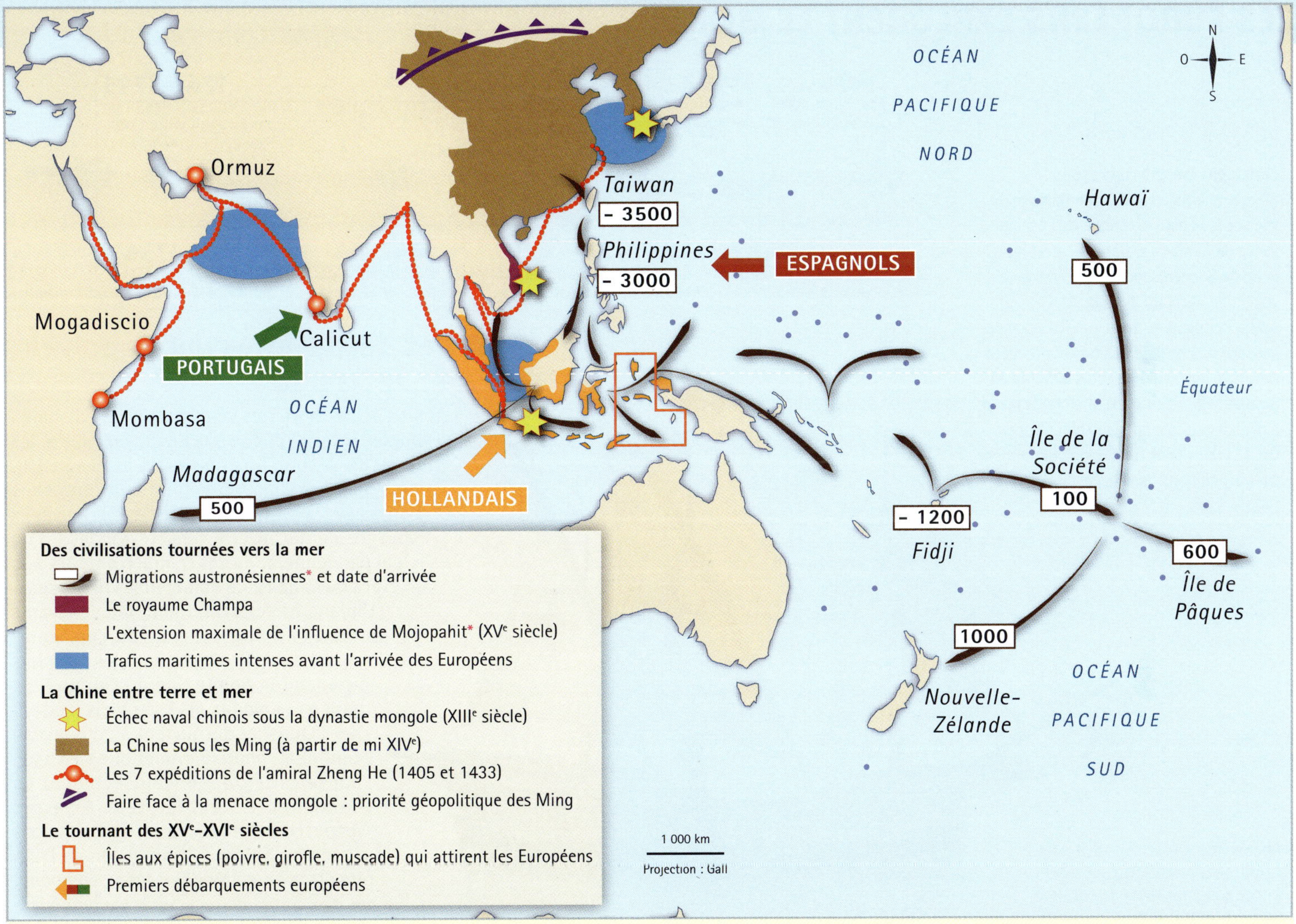

Empires maritimes et expéditions en Asie jusqu'à la fin du Moyen Âge

LES EUROPÉENS EXPLORENT LE MONDE

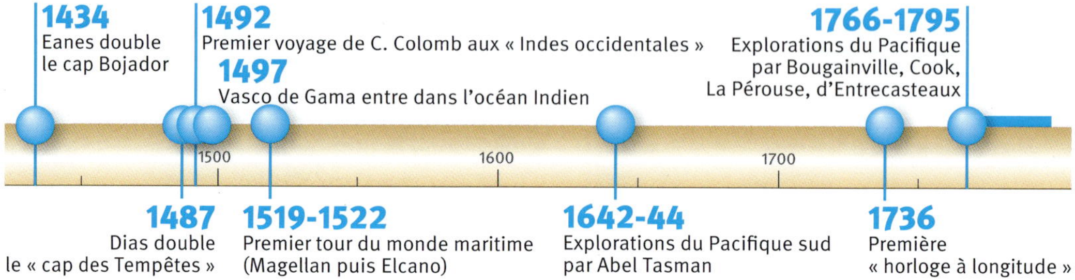

Les grands navigateurs

Christophe Colomb (1451-1506), Gênois, 4 voyages transatlantiques entre 1492 et 1504 pour le compte de l'Espagne. **Vasco de Gama** (v. 1460-1524), Portugais, « cap de Bonne Espérance » et 3 voyages aux Indes. **Fernand de Magellan** (v. 1480-1521), Portugais au service de l'Espagne ; passage Atlantique-Pacifique et première traversée du Pacifique. **Louis-Antoine de Bougainville** (1729-1811), premier Français à réaliser une circumnavigation d'Est en Ouest. **James Cook** (1728-1779), Britannique, trois expéditions dans le Pacifique entre 1768 et 1779.

Reconstitution d'une caravelle. Apparue au début du XVe siècle, la caravelle fut le navire préféré des explorateurs pour sa maniabilité et son faible tirant d'eau*.

Des découvertes qui ne doivent rien au hasard

- Après l'échec des frères vénitiens Vivaldi, disparus devant les côtes d'Afrique à la fin du XIIIe siècle, les progrès de la construction navale et des instruments de navigation permettent aux Européens d'organiser, à partir du XVe siècle, de nouveaux voyages de découverte vers ces « Indes » d'où leur parviennent, via des commerçants arabes, grecs ou italiens, de nombreuses richesses.
- L'infant du Portugal, Henri, réunit savants et marins à Sagres, près du cap Saint-Vincent et les Portugais sont les premiers à franchir la pointe Sud de l'Afrique. Se fiant à C. Colomb, les Espagnols passent par l'Ouest et découvrent… un nouveau continent, baptisé « Amérique » en 1507 par le cartographe Waldseemüller en hommage à l'explorateur Amerigo Vespucci. Outre les épices, les Européens cherchent à contrer l'expansion de l'empire ottoman en Méditerranée* en nouant des « alliances de revers » et veulent évangéliser les peuples qu'ils découvrent.

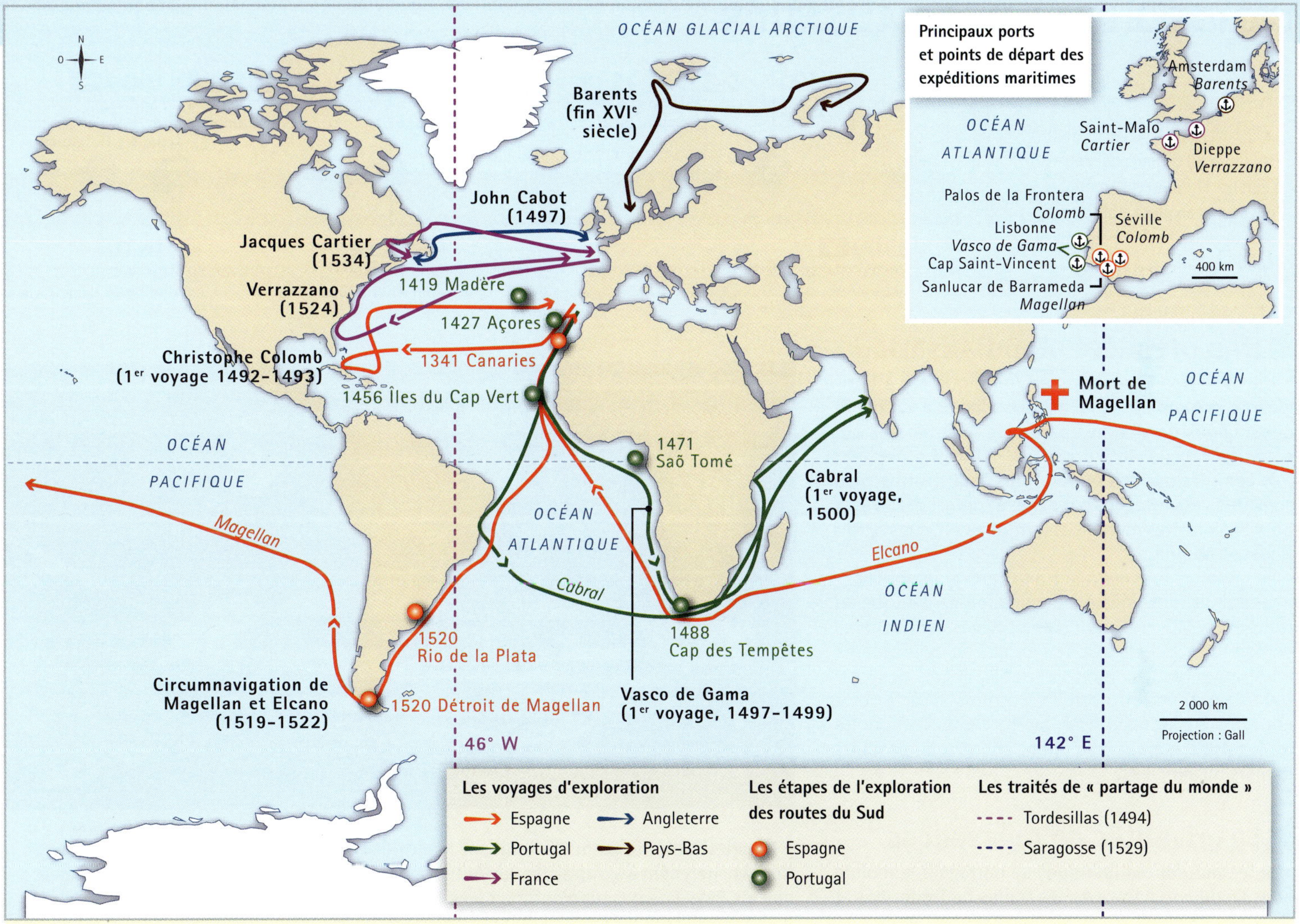

Les Européens se partagent le monde (XVe – XVIe siècles).

L'AMORCE DE LA MONDIALISATION

Le **commerce triangulaire** est un circuit commercial entre l'Europe, l'Afrique et l'Amérique qui se met en place à la suite de la découverte du « Nouveau Monde ».

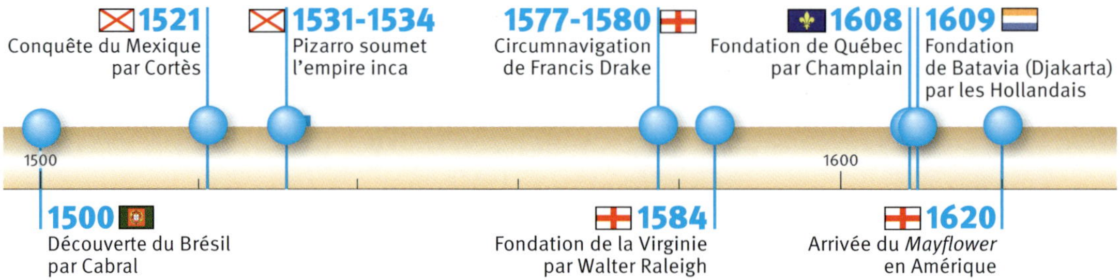

Une première mondialisation

• L'arrivée des Européens en Amérique est à l'origine de la première épidémie mondiale : la variole fit des millions de victimes parmi les Amérindiens qui n'avaient aucun anticorps. Les colons ne peuvent pas compter sur ces populations, qui sont de plus converties et protégées par l'Église contre l'esclavage, pour exploiter les immenses territoires et richesses du Nouveau Monde.

• Ils ont alors recours à la traite* africaine, fonctionnant depuis le IXe siècle à destination de l'Afrique du Nord et du Moyen-Orient. Les esclaves sont achetés sur les côtes en échange de produits européens rares en Afrique : textiles, armes et outils, lingots de métal (fer surtout) et verroterie (le verre est cher à cette époque). De là, les navires partent pour l'Amérique ou les Antilles puis reviennent chargés de produits miniers ou agricoles.

Coupe d'un navire « négrier ». Les navires « négriers » sont polyvalents. Leur aménagement intérieur est modifié en fonction des cargaisons. (Maquette Meyerside Maritime Museum, Liverpool)

Les rivalités de puissances

• Si les puissances ibériques se partagent le monde sous l'égide du pape avec les traités de Tordesillas et de Saragosse (voir p. 31), de nouvelles puissances les concurrencent dès la seconde moitié du XVIe siècle.

• L'Angleterre et la France colonisent l'Amérique du Nord et cherchent à s'implanter aux Antilles, de même que les Pays-Bas qui supplantent même les Portugais en Indonésie avec leur très puissante Compagnie des Indes orientales (VOC*).

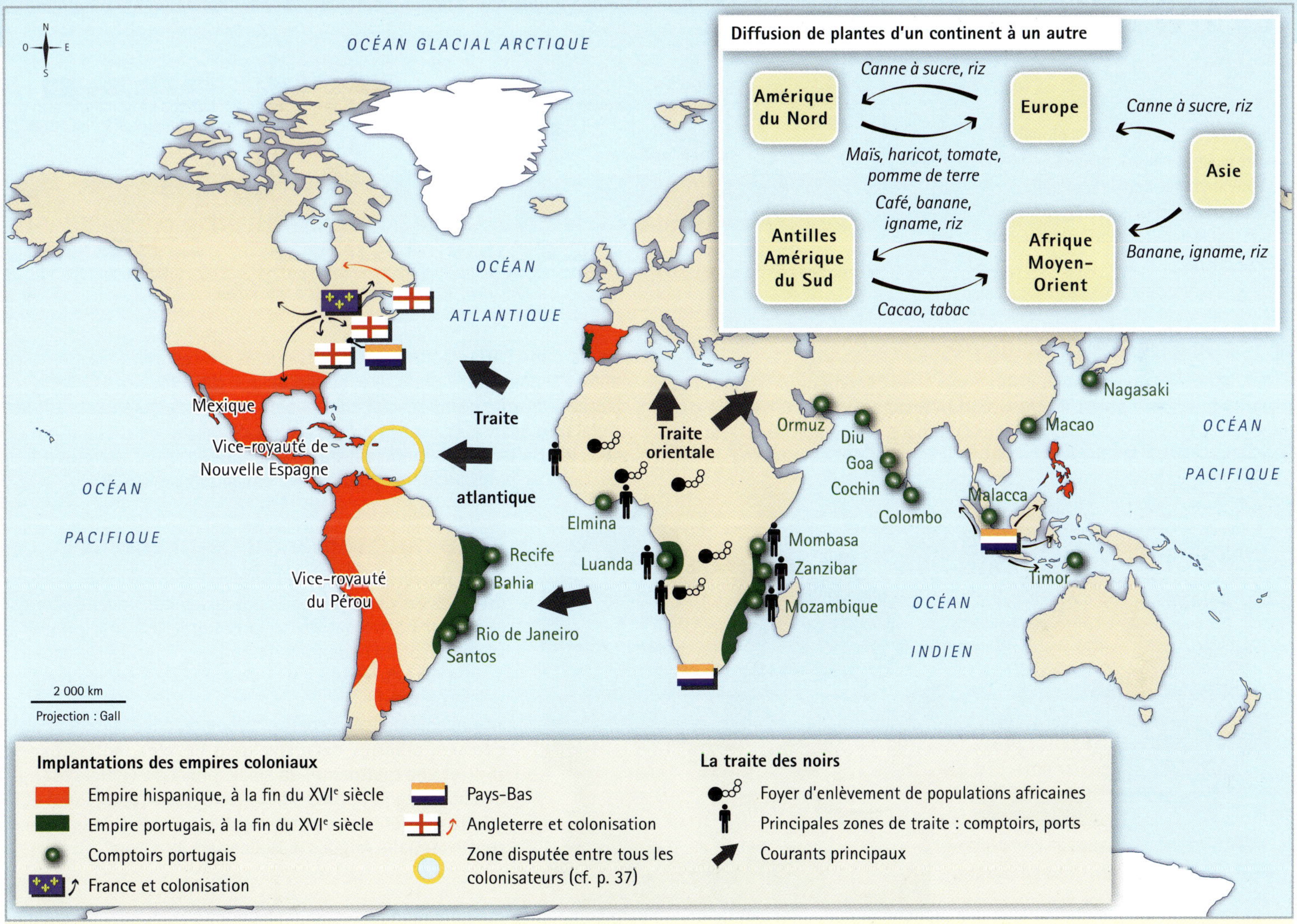

Les débuts de la mondialisation

LES RIVALITÉS SUR LES MERS

Une **galère** est un navire à propulsion mixte (voile et rames), utilisée en Méditerranée depuis l'Antiquité, pour le transport et la guerre. Lépante (1571) est le dernier grand affrontement entre galères.

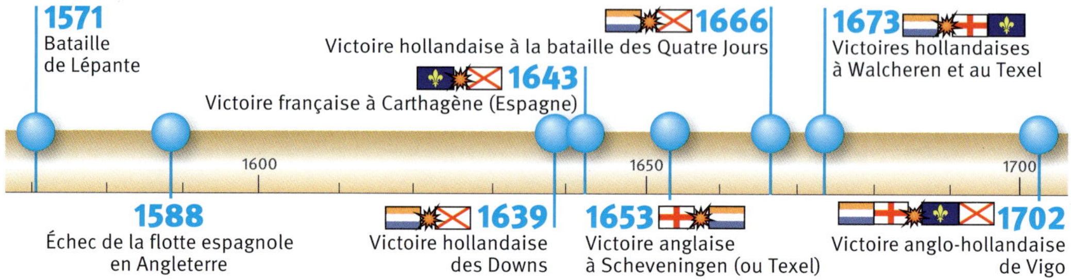

L'apogée de l'Espagne

• L'Espagne est la première puissance maritime hégémonique en Europe, davantage encore après l'annexion du Portugal (1580). C'est elle qui impose un deuxième coup d'arrêt aux Ottomans en Méditerranée – après leur échec devant Malte (1565) – lors de la bataille de Lépante (1571).

• Mais dans l'Atlantique*, deux puissances protestantes se dressent contre l'Espagne : l'Angleterre et la République des Provinces-Unies, proclamée à la suite d'une révolte contre la domination espagnole. La flotte anglaise réussit à écarter la menace d'un débarquement espagnol en 1588, les Hollandais bénéficient du soutien anglais pour maintenir leur indépendance, définitivement acquise en 1648.

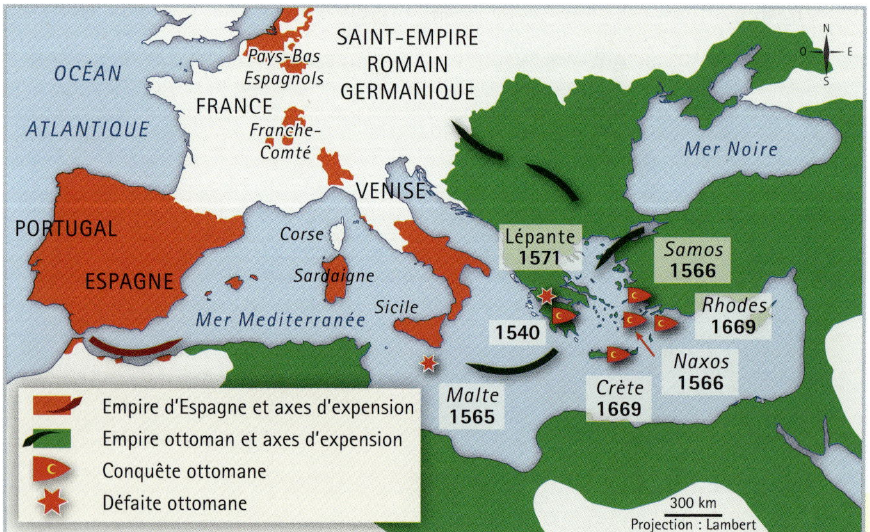

La rivalité hispano-turque en Méditerranée à la fin de XVIe siècle

La naissance du capitalisme

• Les Provinces-Unies et l'Angleterre deviennent les premiers foyers de développement du capitalisme, en accroissant leur participation au commerce international et à la colonisation : sociétés par action, bourses de valeurs, assurances et réassurances voient le jour sur les rives de la mer du Nord.

• Souvent coalisées contre l'Espagne, elles se livrent trois guerres, presque exclusivement navales, entre 1652 et 1674 et une quatrième, un siècle plus tard (1780-1784). Le déclin espagnol, après son « siècle d'or » (1550-1650) et la guerre de Trente ans permettent l'ascension de la France, contre laquelle Anglais et Hollandais font front.

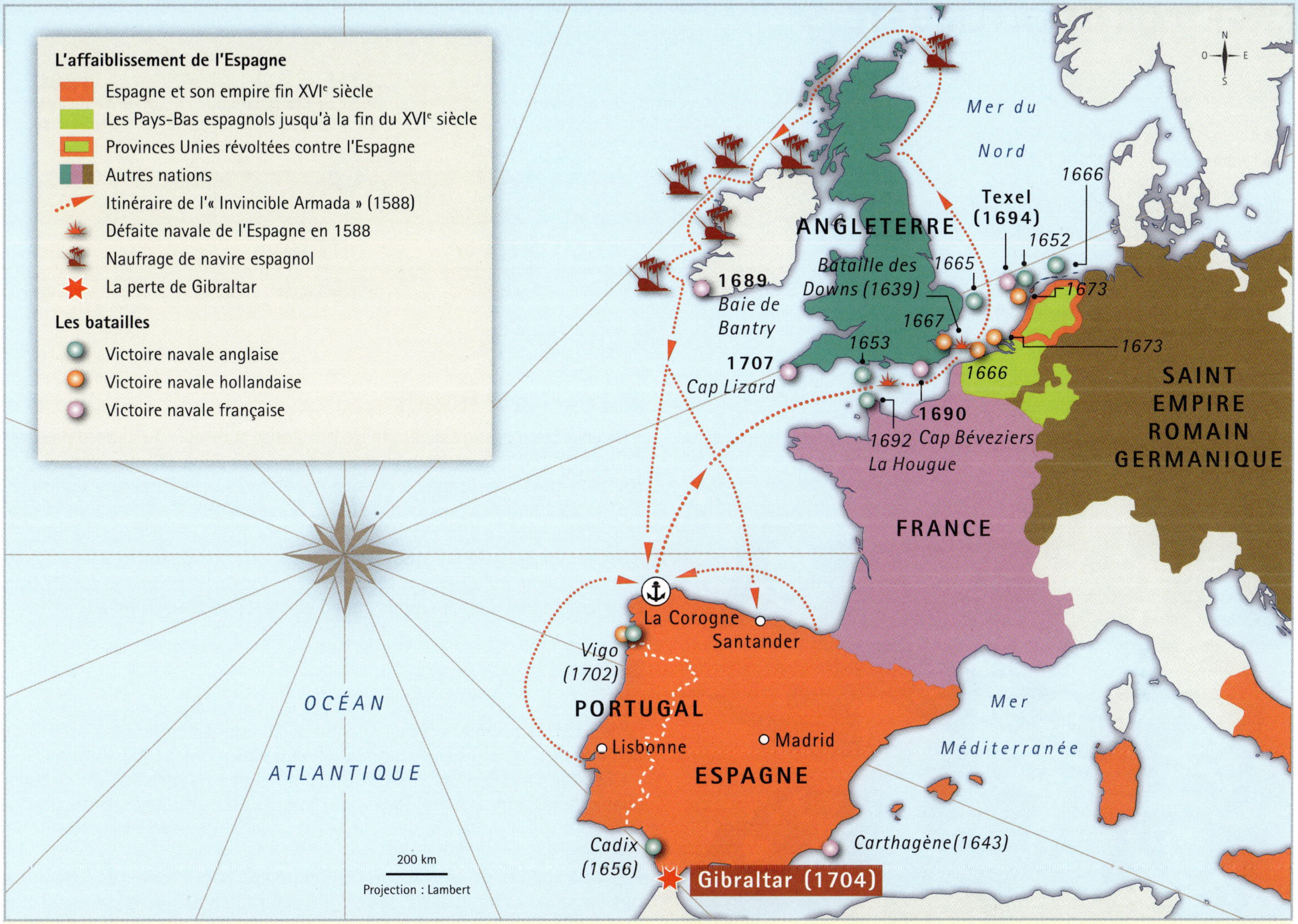

La lutte pour l'hégémonie navale dans l'Europe moderne (XVIe – XVIIIe siècles)

L'ÂGE D'OR DE LA FLIBUSTE

La **course** est le nom donné à la « guerre au commerce ».

Une **lettre de course** (ou de marque) est un document autorisant un capitaine civil à attaquer les navires marchands lors d'une guerre. Cette lettre distingue le « corsaire » du « pirate », qui attaque tout navire indistinctement.

L'**abolition de la course** date de 1856, la « guerre de course » reste cependant légale aux États-Unis.

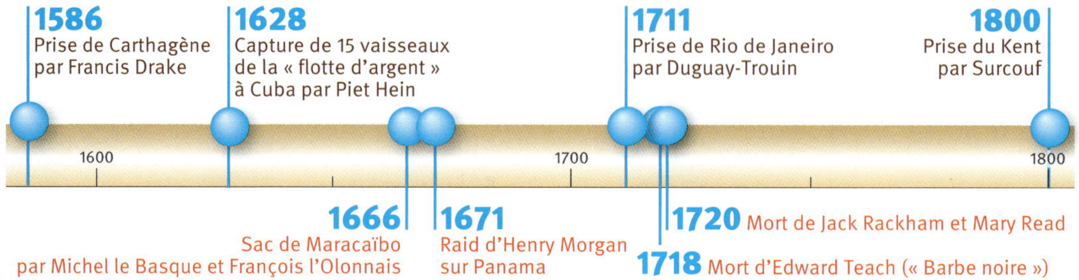

En brun : actes de corsaires ; en rouge : actes de piraterie

Différents pavillons de pirates (XVIIe-XVIIIe siècles)
Les pirates cherchaient à effrayer leur cible pour l'inciter à se rendre sans combat.

Le « Jolly Roger »

- Il y avait une grande diversité de pavillons* pirates*, du simple pavillon rouge signifiant, dans toutes les marines, « pas de quartier », jusqu'à des combinaisons spécifiques à chaque capitaine, sur un fond noir ou rouge, à base de symboles évoquant la mort, le temps (qui s'achève avec la rencontre funeste des pirates), la guerre (armes) ou les pirates eux-mêmes.
- Beaucoup de pavillons arboraient un squelette grimaçant, que les Anglais surnommaient ironiquement « Jolly Roger » (*Old Roger* étant une appellation familière du Diable), nom repris pour désigner le pavillon lui-même.

Les flibustiers

- Entre 1650 et 1720, la « flibuste » (vient d'un mot hollandais), ou piraterie, bénéficie des premiers circuits commerciaux qui sillonnent les océans et de l'état de guerre presque permanent entre les nations européennes.
- L'Espagne est le pays le plus visé, pirates et corsaires venant de pays rivaux (Angleterre surtout, Pays-Bas, France...). Les pirates sont des hors-la-loi (c'est l'étymologie de « forban ») promis à une mort infâmante et exemplaire.
- Peu de capitaines ont vécu assez longtemps pour profiter de « trésors » très largement imaginaires, les butins étant dilapidés presque aussi vite qu'ils étaient gagnés. Seule exception, Henry Morgan (1637-1688) finit même anobli et gouverneur de la Jamaïque.

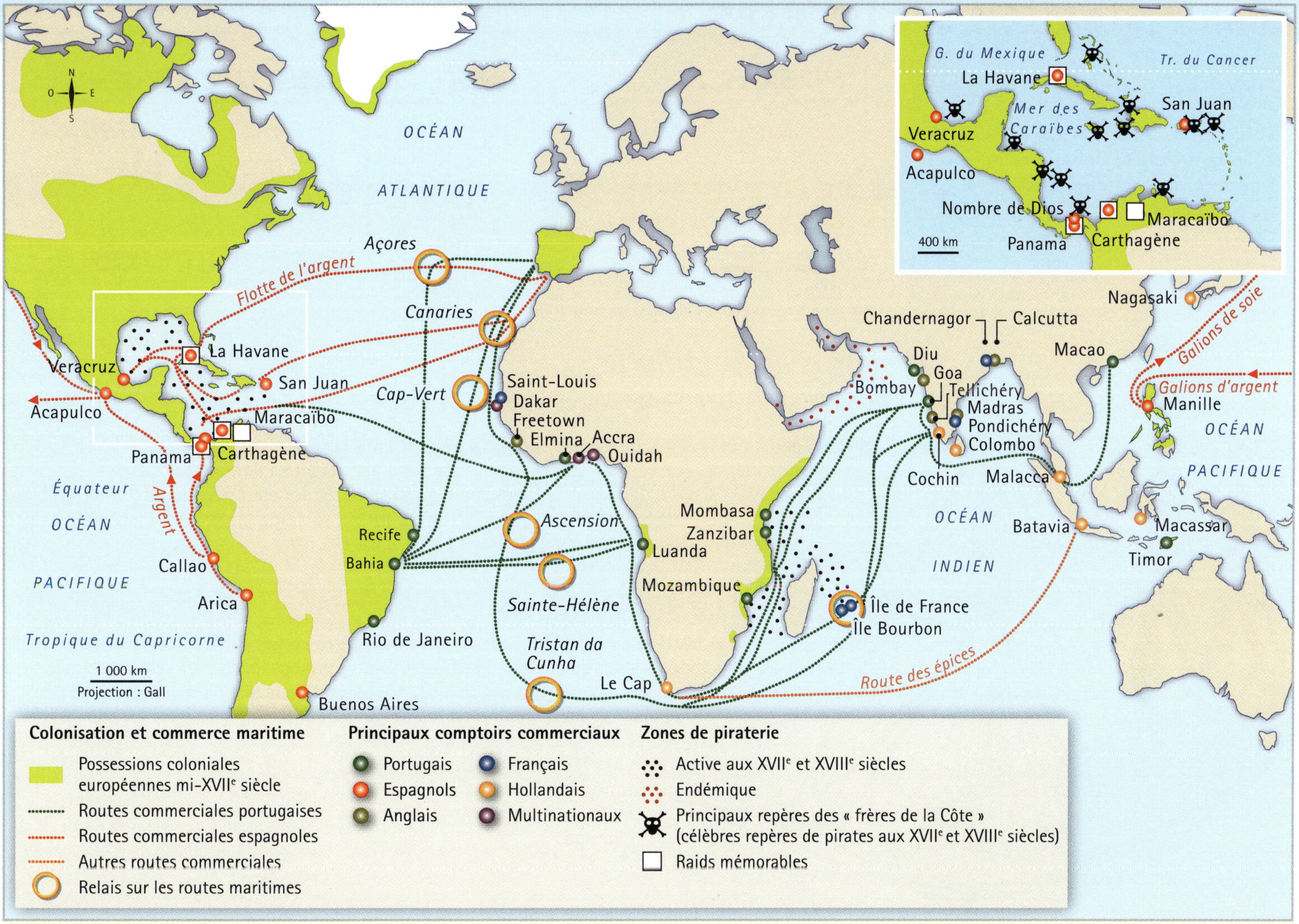

Grand commerce et piraterie à l'époque moderne

GRANDE STRATÉGIE SUR LES MERS

Une **ligne de bataille** est un dispositif tactique où les navires s'alignent les uns derrière les autres et défilent parallèlement tout en se canonnant.

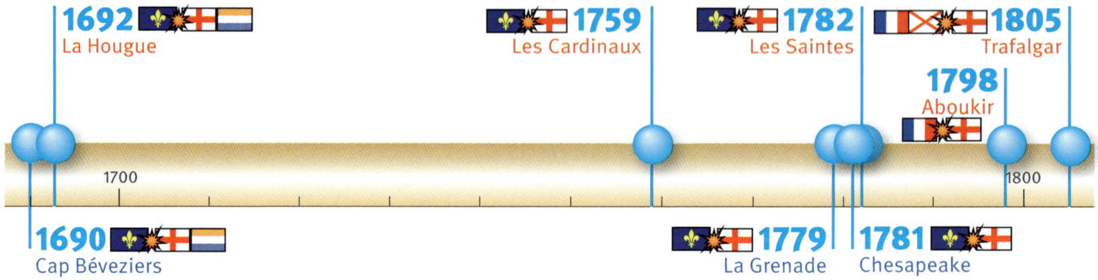

En rouge : victoire anglaise ; en bleu : victoire française

France *vs.* Angleterre

- De la guerre de la Ligue d'Augsbourg (1688-1697) à la bataille de Waterloo (1815), la France et l'Angleterre sont presque toujours opposées sur les champs de bataille, justifiant l'appellation de « troisième guerre de Cent ans », après celles du Moyen Âge (1154-1259 et 1340-1453).
- La participation aux conflits en Europe se double d'une rivalité coloniale dans laquelle la puissance navale s'avère décisive. La France perd ainsi son premier empire colonial (Indes, Canada) dans la « guerre de Sept Ans » (1756-1763). En revanche, son aide, notamment navale, est décisive pour l'indépendance des États-Unis (1776-1783).

Le « 74 canons »

- À partir du XVIIe siècle, les navires de guerre comportent plusieurs batteries de canons sur chaque flanc, réparties sur 2 ou 3 ponts superposés. À la fin du XVIIIe, les plus gros navires portent plus de 100 pièces, mais le navire de ligne « standard » est sorti des chantiers navals français : c'est le « 74 canons ». La puissance de feu et les qualités nautiques de ces vaisseaux, conçus par l'ingénieur naval Jean-Noël Sané, le « Vauban de la Marine », en font des modèles enviés et copiés dans toute l'Europe.

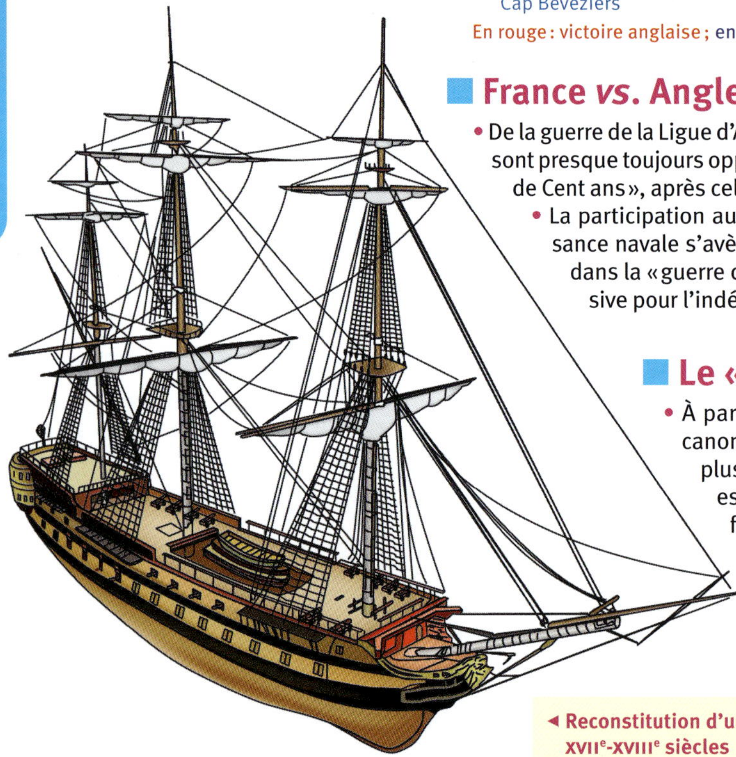

◂ **Reconstitution d'un vaisseau de 74 canons, XVIIe-XVIIIe siècles**

Un **vaisseau de ligne** : ce sont les plus gros navires, comptant de 60 à 120 canons, qui sont utilisés dans « la ligne ».

Les **frégates**, plus légères, servent aux liaisons et aux combats isolés.

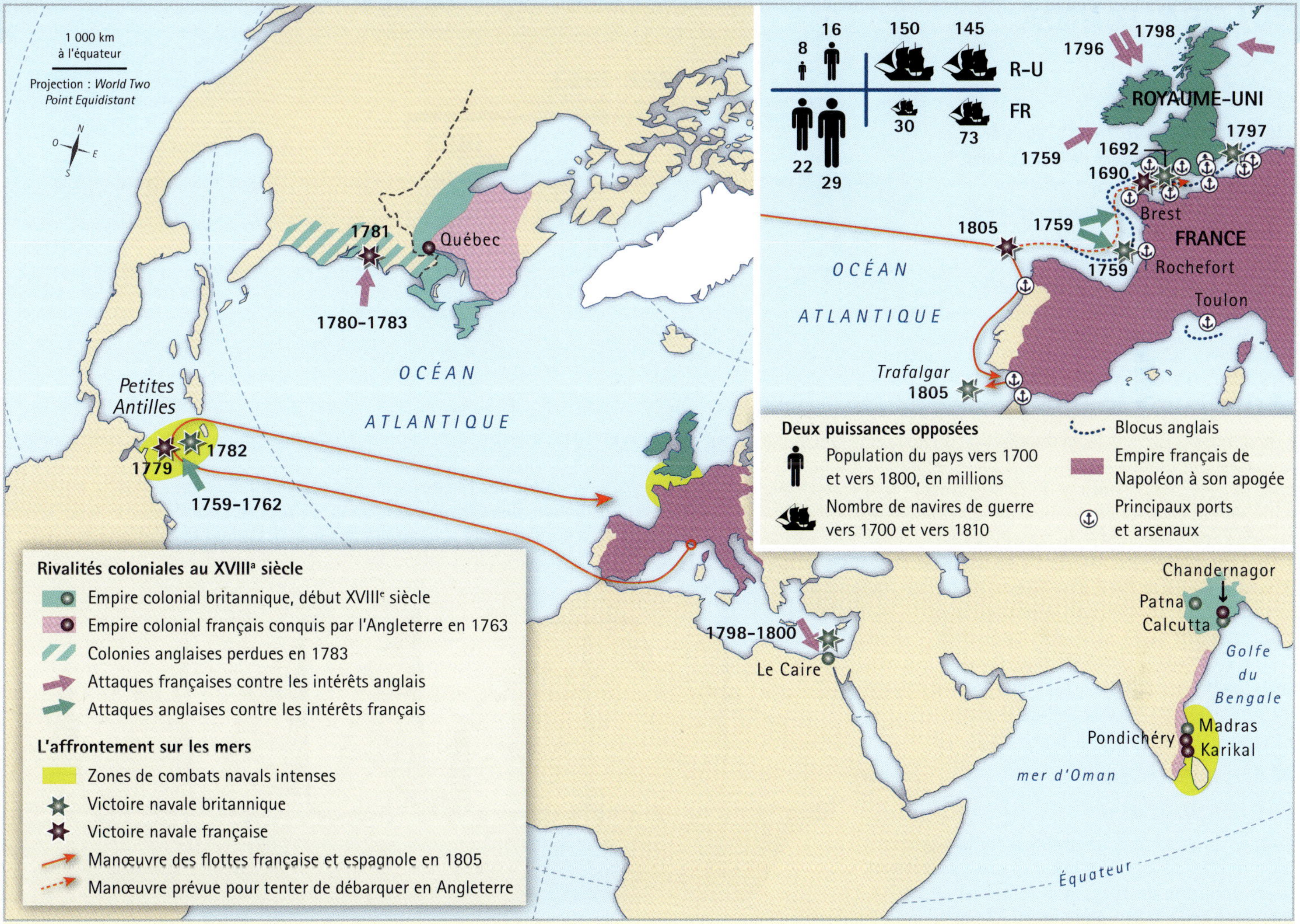

La France et l'Angleterre en lutte pour le contrôle des mers (XVIIIe siècle)

RULE BRITANNIA

Le chant *Rule Britannia* (paroles de James Thomson, musique de Thomas Arne) date de 1740. C'est un chant patriotique aussi populaire que le *God save the Queen (King)*, dès le XVIIIe siècle et jusqu'à nos jours. Refrain : « *Rule Britannia! Britannia rule the waves, Britons never never never shall be slaves.* »

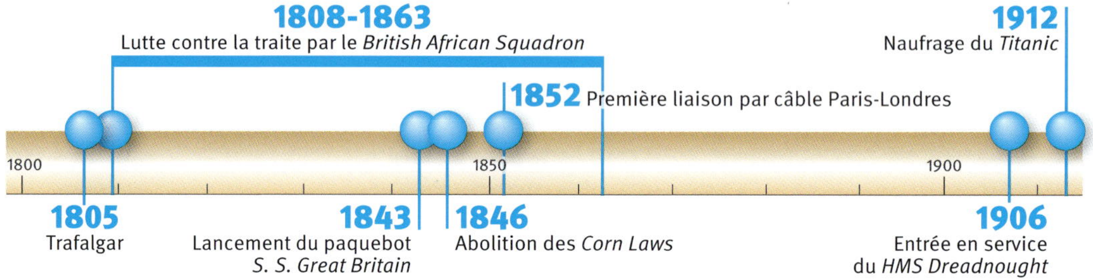

Un pays pionnier

• Au début du XIXe siècle, la domination du Royaume-Uni sur les mers est renforcée par l'industrialisation, où il est également pionnier et dominateur. En 1843, les chantiers de Bristol lancent le premier navire à coque entièrement en acier et propulsé par une hélice : le *Great Britain*. Il atteint presque 100 m de long – du jamais vu !

• Le pays reste une référence en matière de construction navale jusqu'à la Première Guerre mondiale, inaugurant la technique du compartimentage avec le cuirassé *Dreadnought* ou la série des paquebots* *Olympic* (1910), *Titanic* (1912) et *Britannic* (1914).

• À la veille de la guerre, le royaume produit encore 60 % des navires fabriqués dans le monde.

Une véritable thalassocratie*

• Après sa victoire à Trafalgar, la flotte anglaise joue le rôle de « gendarme des mers » contre la traite, interdite en 1815, et la piraterie, en déclin. Le Royaume-Uni est le premier pays à faire le choix du libre-échange comme modèle de développement (abolition des *Corn Laws**).

• En 1914, il dispose de la première flotte commerciale (40 % du tonnage mondial), dirige le plus vaste empire colonial de l'Histoire (33 millions de km², un quart des terres émergées et 450 millions d'habitants) qui reçoit plus du tiers des exportations de la métropole, contrôle près de 90 % des câbles sous-marins et la moitié des investissements à l'étranger.

Reconstitution du paquebot *Great Britain* (1843)

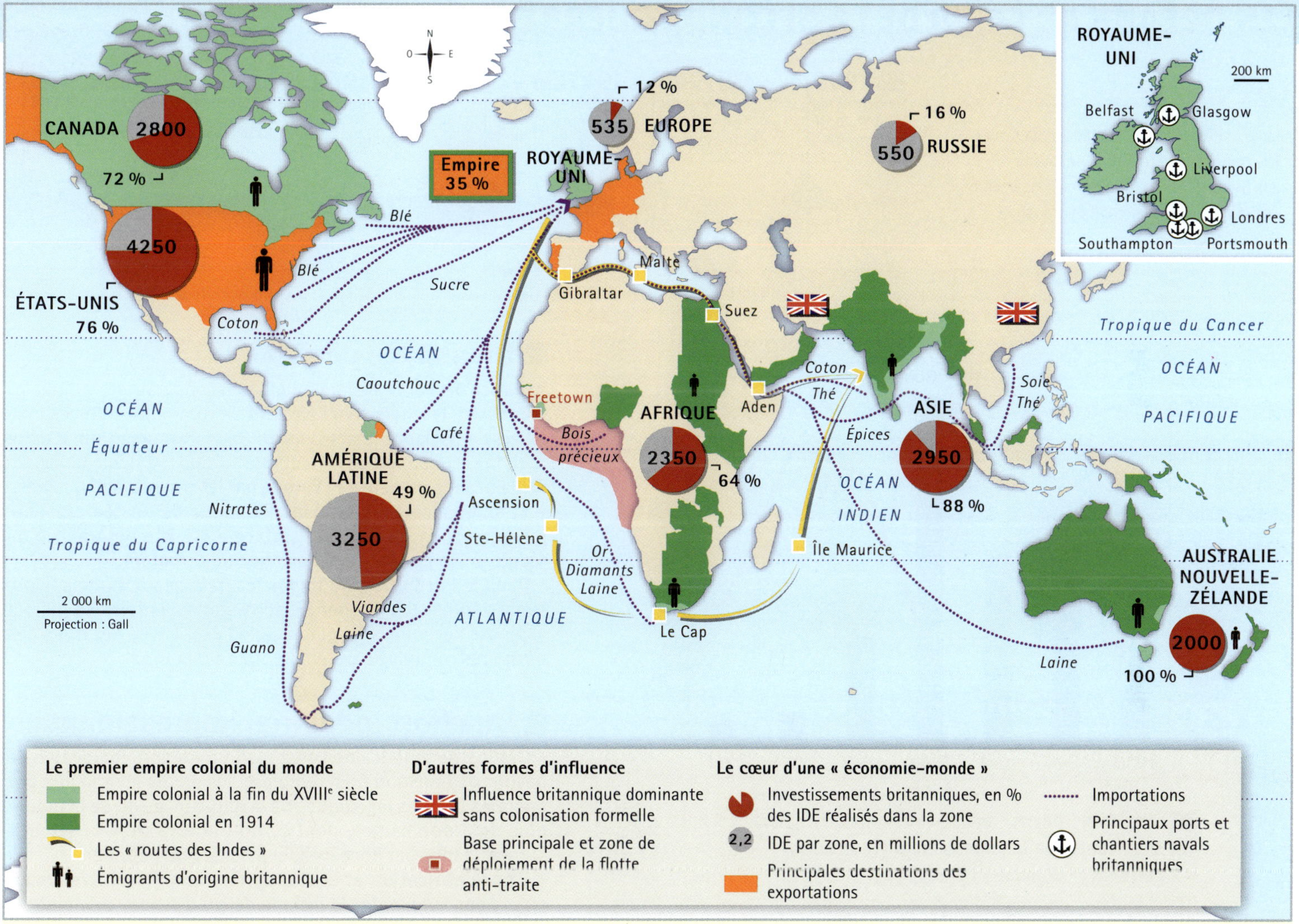

Le Royaume-Uni au centre de la première « économie-monde »

DOMINER LES MERS

LES OCÉANS AU CŒUR DE LA SECONDE GUERRE MONDIALE

La **loi prêt-bail** est votée en mars 1941. Elle permet aux États-Unis de fournir aux belligérants (eux ne le sont pas encore) des matériels militaires et de transport en « location ».

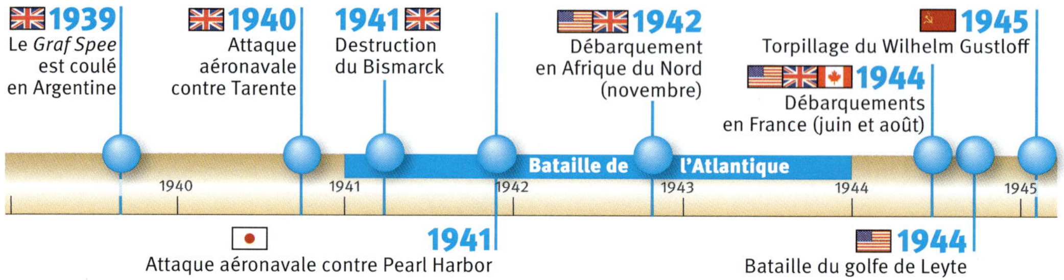

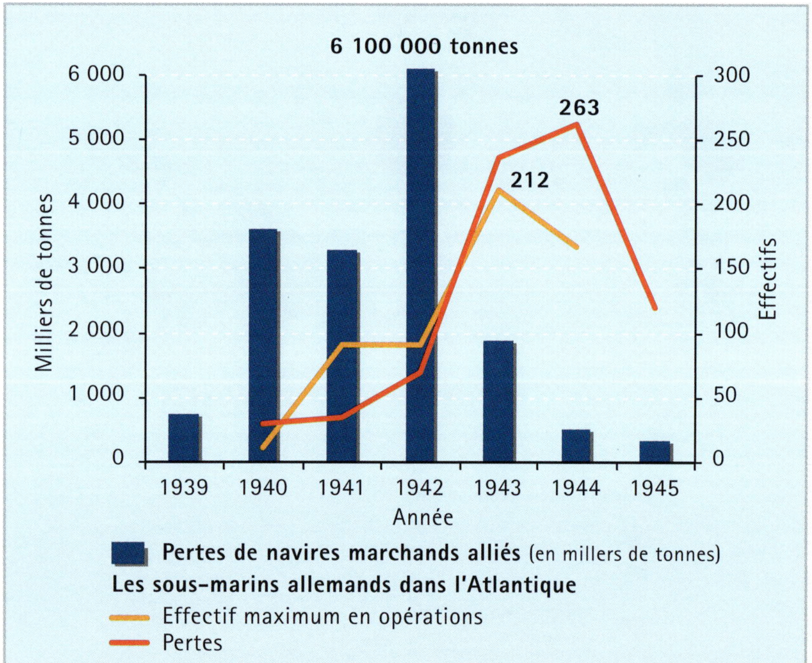

Les pertes de navires marchands alliés et de sous-marins allemands dans l'Atlantique

Un espace décisif

- Les océans sont essentiels dans la Seconde Guerre mondiale : d'une part, les mers sont l'élément de continuité entre les trois piliers de l'Alliance (États-Unis, URSS et Royaume-Uni), d'autre part, la sécurisation de l'Atlantique* est un préalable indispensable à la reconquête de l'Europe par les troupes américaines.
- Si la menace sous-marine allemande est restée présente jusqu'en 1943, la flotte de surface a été vite neutralisée ou réduite à l'impuissance par manque de carburant.
- Dans le Pacifique*, où toutes les batailles ont une composante aéronavale, ce sont les sous-marins américains qui ont asphyxié l'économie de guerre japonaise, privée des fruits des territoires conquis de décembre 1941 à mai 1942.

Un effort industriel impressionnant

- L'industrie américaine construisit un nombre incroyable de navires de transport pour remplacer les pertes et répondre aux énormes besoins logistiques de la future invasion de l'Europe : plus de 4 000 cargos, dont 2 700 « liberty-ships », selon le surnom donné par Roosevelt, et près de 800 pétroliers.
- La préfabrication et la standardisation furent systématisées pour augmenter le rythme de production, qui tombe à 2 semaines en 1944.

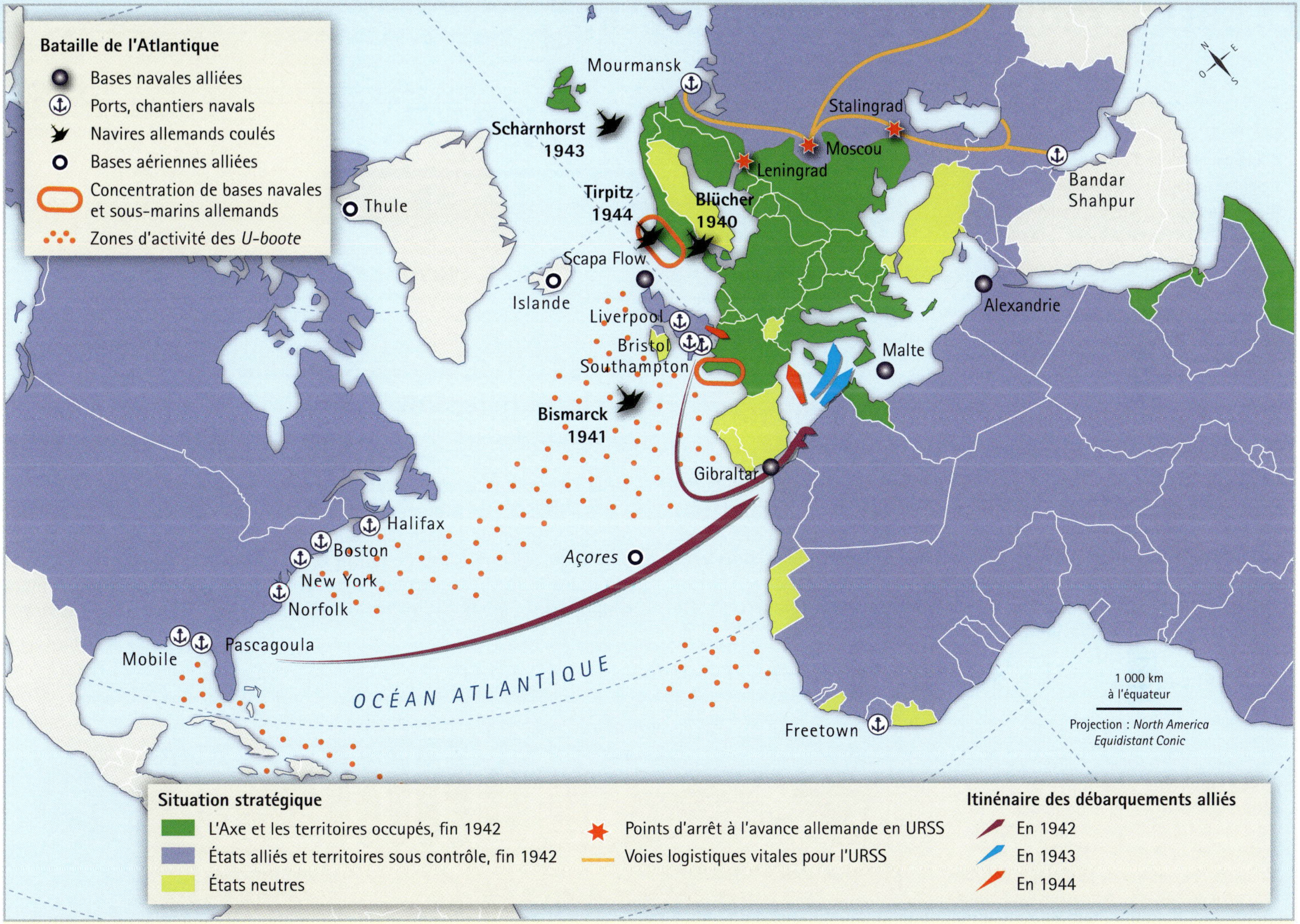

La bataille de l'Atlantique

LA GUERRE FROIDE SUR ET SOUS LES MERS

Le SNLE, sous-marin nucléaire lanceur d'engins, est doté d'un moteur nucléaire. Il peut tirer des missiles à charge thermonucléaire à plusieurs milliers de kilomètres. À l'heure actuelle, 5 marines disposent de ce type de navires : États-Unis (14), Russie (9), Chine (1), Royaume-Uni (4), France (4). L'Inde devait mettre son premier SNLE en service en 2012.

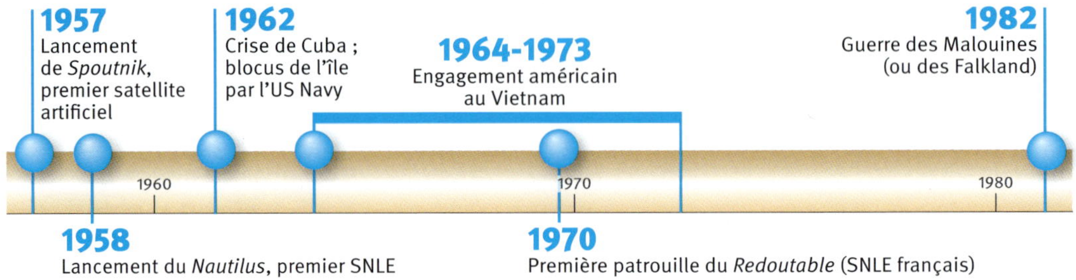

« Paix impossible, guerre improbable » (R. Aron)

• La Guerre froide (1947-1991) est un conflit sans affrontement armé direct entre les deux adversaires. On assiste cependant à des engagements militaires (guerre de Corée, du Vietnam, d'Afghanistan) et à des crises dans lesquels les moyens navals peuvent être sollicités, mais sans véritable bataille navale.

• La seule guerre reposant surtout sur les forces navales est la reconquête des Falkland par les Anglais après leur invasion par l'Argentine, mais elle ne s'inscrit pas dans le schéma de la Guerre froide.

Les SNLE, armes suprêmes de la dissuasion

• L'absence de conflit direct s'explique notamment par la dissuasion atomique : chaque bloc sait qu'une attaque serait suivie, tôt ou tard, d'une salve de missiles atomiques capable de le détruire de fond en comble.

• Les SNLE sont les arguments ultimes de la dissuasion, car ils sont indétectables durant leur patrouille en plongée de plus de deux mois : nul ne peut donc les empêcher de lancer leurs missiles (entre 12 et 24, à têtes multiples à partir des années 1970, chaque tête représentant plusieurs dizaines de bombes d'Hiroshima) même après la destruction de leur pays.

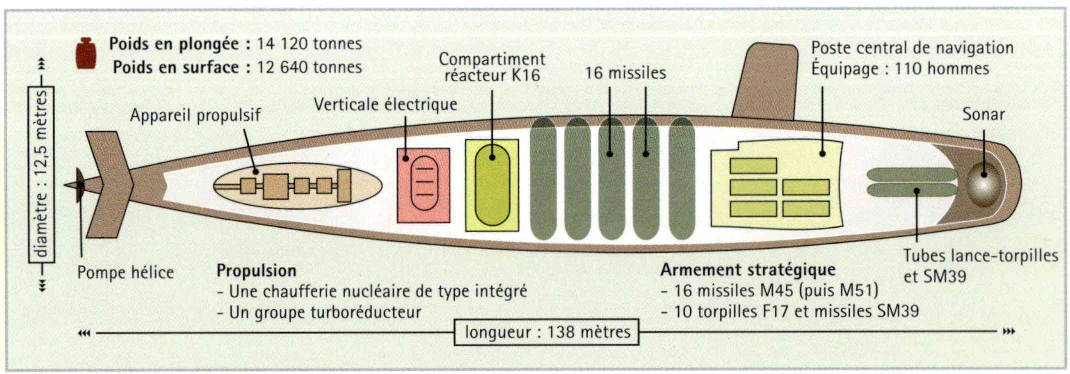

Coupe du SNLE français, *Le Terrible*, mis en service en 2010. Après la génération dérivée du *Redoutable*, c'est la classe du *Triomphant* qui équipe maintenant la Marine nationale, avec 4 navires. Le dernier de la série, le *Terrible*, est entré en service en 2010 ; il est équipé des nouveaux missiles M-51, d'une portée et d'une précision accrues.

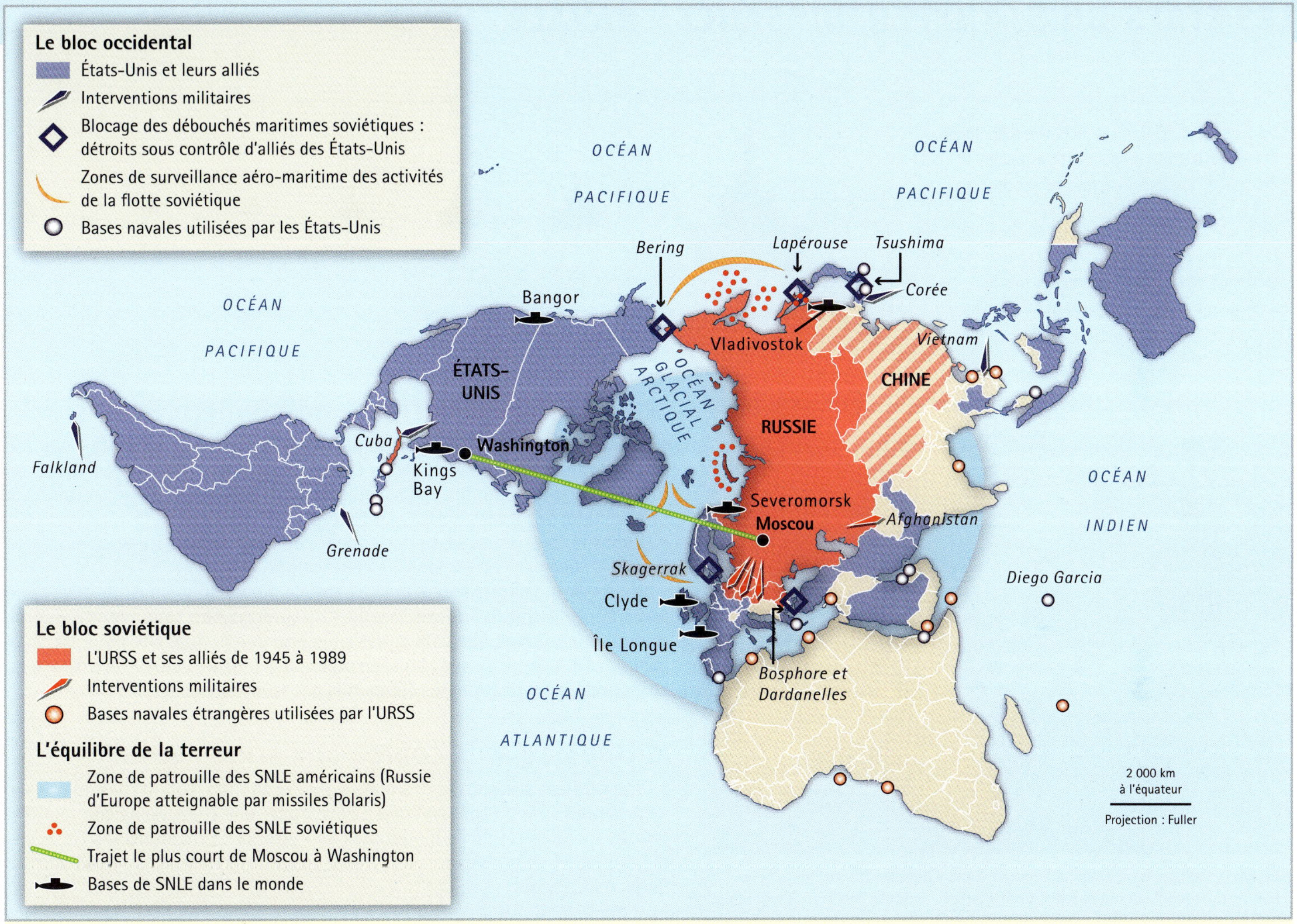

Les océans au temps de la Guerre froide

LES ÉTATS-UNIS, « HYPERPUISSANCE » NAVALE

Un **porte-avions** est un navire à pont plat et long (250 à 300 m) pouvant catapulter des avions lourds à long rayon d'action.

Un **porte-aéronefs** est un navire à pont plat, parfois relevé à l'avant (tremplin), pouvant mettre en œuvre des hélicoptères ou des avions à décollage et atterrissage court ou vertical.

Les principales flottes mondiales (en milliers de tonnes)

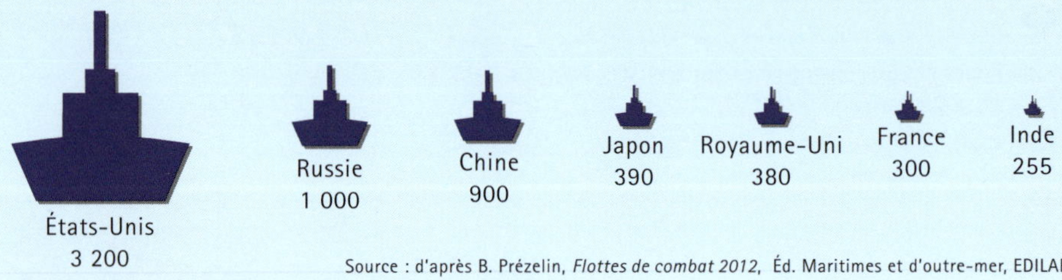

Source : d'après B. Prézelin, *Flottes de combat 2012*, Éd. Maritimes et d'outre-mer, EDILARGE

Le porte-avions américain *A. Lincoln* dans l'océan Indien
Les 10 porte-avions nucléaires, dont dispose aujourd'hui l'US Navy, sont de la classe *Nimitz*. Chacun emporte entre 60 et 90 appareils, y compris des avions-radars *Hawkeye*, reconnaissables à l'« assiette » sur leur dos.

La première flotte mondiale depuis un siècle

• L'*US Navy* était devenue la première flotte du monde après la Première Guerre mondiale, et la Seconde lui donna une avance décisive : en 1945, son tonnage total représentait 70 % de toutes les flottes de guerre et ses effectifs près du tiers des forces armées américaines !

• Durant la Guerre froide, la flotte américaine conserve son avance, malgré l'effort réalisé par l'URSS dans les années 1960 et 1970.

• Depuis 1991, la flotte américaine a perdu la moitié de ses navires mais reste largement devant les autres marines de guerre : son tonnage représente pratiquement le total des six autres plus grandes flottes. Elle peut, de plus, compter sur l'appui de ses alliés, en particulier ceux de l'OTAN* et dispose du monopole de fabrication des catapultes pour porte-avions.

Une nouvelle course aux armements

• L'importance du contrôle des mers pour l'économie (voir IIIe partie) pousse de nombreux pays à conserver ou à développer une capacité navale : outre la Russie, qui a entrepris de moderniser sa flotte, la Chine étoffe ses capacités d'intervention lointaine en construisant des porte-aéronefs, comme l'Inde, la Corée ou le Japon.

• Le Brésil veut aussi développer une marine complète, dotée de capacités sous-marines et aéronavales, notamment avec l'aide de la France.

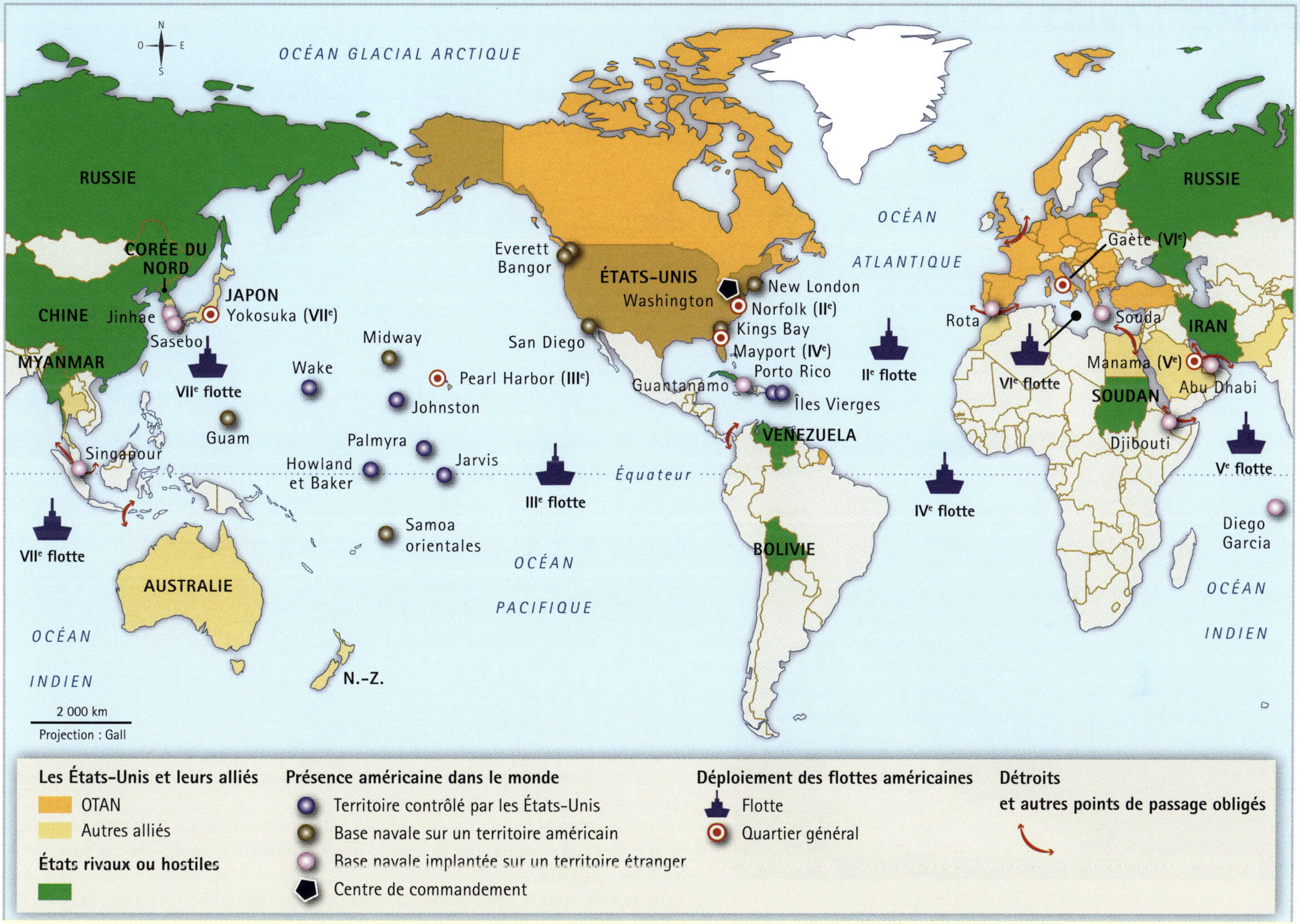

La domination américaine sur les mers

ARMES NAVALES DU FUTUR

Le terme **naval** s'applique à des activités civiles (chantier naval) mais qualifie spécifiquement ce qui a trait aux flottes de guerre (combat naval, École navale...).

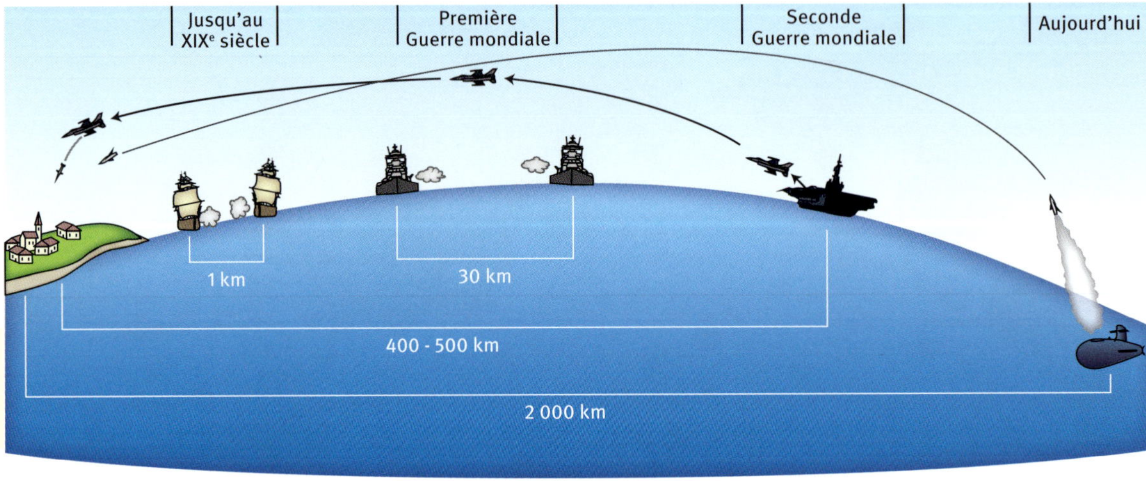

Évolution du combat naval à travers l'histoire.
Du corps à corps au combat « transhorizon »

Le *Florida* tire un missile de croisière « Tomahawk ».
En 2011, ce sous-marin américain a tiré près d'une centaine de ces missiles autoguidés à longue portée sur la Libye.

Les armes des navires au XXIe siècle

- **Artillerie** : les navires actuels portent peu de canons, au calibre limité (57 à 155 mm), mais automatiques, à très haute cadence de tir (plusieurs dizaines d'obus / minute) et certains à très longue portée (70, bientôt 150 km).
- **Missiles** : des missiles spécialisés, anti-navires ou anti-aériens en particulier, peuvent être tirés depuis des navires, des sous-marins ou des aéronefs (avions et hélicoptères). Les plus gros sont les missiles de croisière* d'une portée de plusieurs centaines de km selon les modèles.
- **Torpilles** : d'un calibre généralement compris entre 350 et 500 mm, ces armes autopropulsées équipent sous-marins, navires et aéronefs mais ont une portée réduite (une vingtaine de km maximum).
- **Mines** : charges explosives ancrées à faible profondeur ou flottant à la surface et activées par contact, par le champ magnétique d'un navire ou par sa « signature » acoustique.
- **Drones** : aéronefs sans pilote, utilisés pour l'observation ou l'attaque.
- **Hélicoptères** : tous les navires à partir de la frégate* disposent d'au moins un hélicoptère pour la reconnaissance, le sauvetage et le combat.

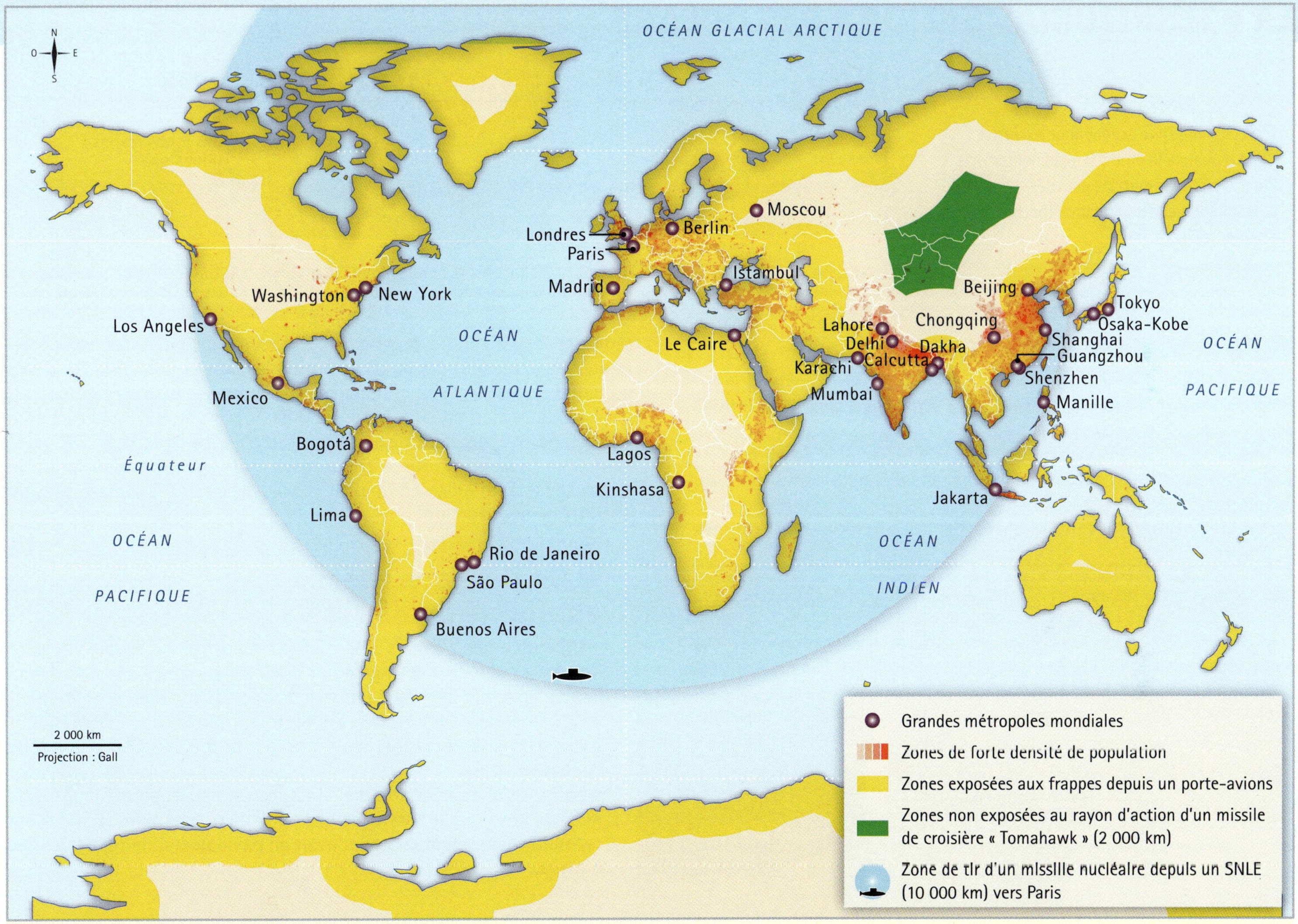

Capacités d'action de la mer contre la terre

LA « TERRITORIALISATION » DES OCÉANS

ZEE signifie Zone économique exclusive. L'État riverain a le droit d'y réglementer (donc d'en tirer profit) les activités d'exploration et d'exploitation (pêche, gisements).

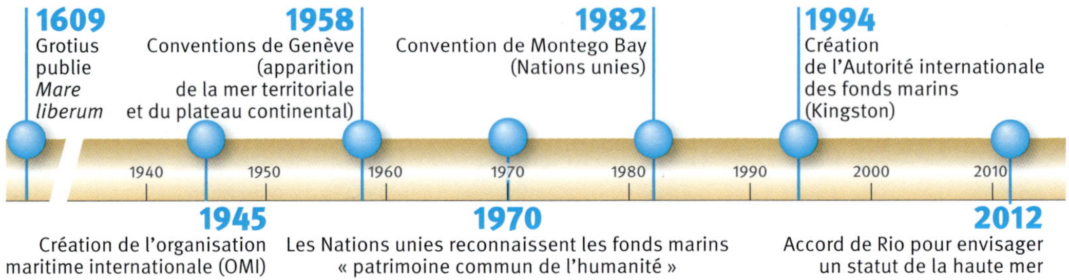

La mer n'est plus « *res nullius* »

- Par tradition, la mer n'appartenait à personne, et la navigation ou la pêche y étaient totalement libres, sauf dans les « eaux territoriales », étroite bande le long des côtes.
- Depuis 1945, les États ont voulu réglementer de plus en plus les activités maritimes et en ont acquis les moyens technologiques mais aussi juridiques.
- La Convention des Nations unies sur le droit de la mer*, signée à Montego Bay en 1982, reconnaît 5 espaces maritimes : les eaux intérieures et la mer territoriale, où l'autorité de l'État est totale ; la Zone économique exclusive et son prolongement éventuel, le plateau continental ; enfin la haute mer, dont les fonds sont gérés par une Autorité internationale, créée en 1994 et localisée à Kingston.
- En 2012, le sommet « Rio + 20 » a prévu d'engager une réflexion sur le statut de la haute mer, soit deux tiers des surfaces océaniques, qui sont encore trop souvent une zone de non-droit.

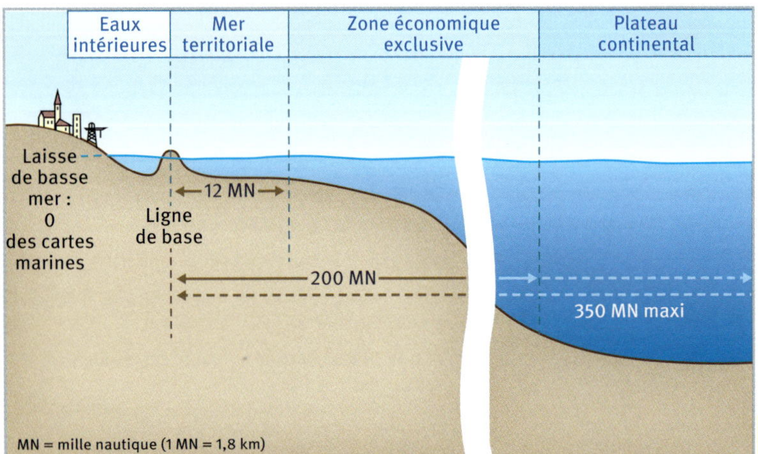

Un tiers des océans approprié par les États

- L'étendue actuelle des ZEE représente environ 34 % de la surface des mers ; elle devrait augmenter dans les années à venir car beaucoup d'États ont demandé une extension de leur plateau continental.
- Certaines mers pourraient entièrement relever des ZEE étendues comme la Méditerranée, les Caraïbes, la mer de Chine et même l'océan Arctique.
- Enfin, si les trois quarts des États ont un accès, même limité, à la mer, 45 sont totalement enclavés, mais la Convention de 1982 leur reconnaît cependant le droit d'avoir un pavillon et d'immatriculer des navires.

Les espaces océaniques selon la Convention des Nations unies

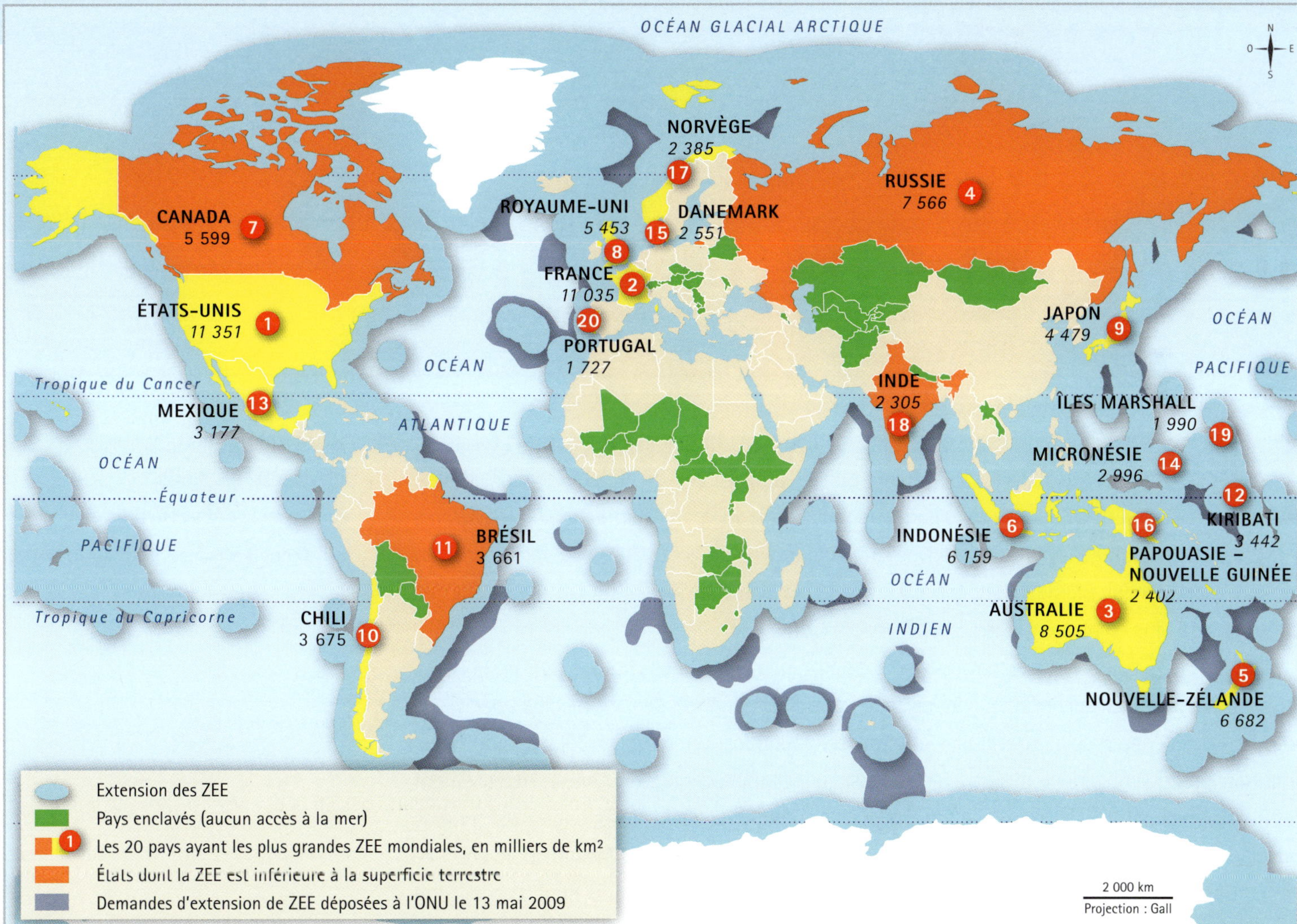

Les ZEE dans le monde

PARTIE III

Au cœur de la mondialisation

> « Il y a trois sortes d'hommes :
> les vivants, les morts,
> et ceux qui vont sur la mer. »
>
> D'après Anacharsis, VIe siècle av. J.-C.

Le transport maritime a toujours eu l'avantage d'un coût plus faible grâce à une capacité de déplacement beaucoup plus importante que les transports terrestres ou aériens. Malgré l'accroissement de vitesse de ces derniers depuis la Révolution industrielle, les navires conservent cet avantage : s'ils sont relativement lents (moins de 30 km/h en moyenne pour un transport commercial, plus du double pour un ferry), ils avancent jour et nuit et déplacent des cargaisons de plus en plus énormes.

Depuis 1945, la capacité des navires de commerce, que ce soit des citernes (*tankers*) ou des cargos, a été multipliée par un facteur de l'ordre de 15 ou 20 ! Les navires se sont, de plus, spécialisés pour répondre à des besoins spécifiques : méthaniers pour transporter le gaz à l'état liquide, ferrys pour transporter simultanément véhicules et passagers, bananiers pour terminer le mûrissement des fruits pendant le voyage, porte-conteneurs pour les produits manufacturés, mais aussi certains produits périssables car une partie des conteneurs peut être réfrigérée durant le transport, etc.

Le transport par mer reste le moins coûteux : en moyenne 2 % du prix final d'un produit manufacturé, 8 % d'un produit pétrolier (dont la valeur unitaire est plus faible).

Un grand port moderne : Hambourg, 3e port européen après Rotterdam et Anvers. À la recherche de place pour des navires de plus en plus grands, le port s'est éloigné du centre-ville. Au premier plan, un terminal à conteneur (portiques, grues, quais).

LE RÉTRÉCISSEMENT DU MONDE

Le **Mille** (marin ou nautique) est l'unité de distance utilisée en mer. Il correspond à une minute de latitude, soit 1852 ou 1853 mètres.

Un **Nœud** est l'unité de vitesse utilisée en mer. 1 nœud = 1 mille marin à l'heure.

- **1826** Premier bateau à hélice
- **1850** Pose du premier câble sous-marin (France–Grande-Bretagne)
- **1869** Inauguration du canal de Suez
- **1876** Premier transport frigorifique de viande argentine en France
- **1886** Premier « tanker » spécialisé pour le pétrole
- **1914** Inauguration du canal de Panama
- **1959** Premier transport de méthane liquéfié
- **1968** Premier porte-conteneurs spécialisé
- **1988** Premier câble en fibres optiques

(1850 – 1900 – 1950)

De la voile au diesel

• La propulsion des navires à vapeur, à partir des années 1830, ne fait pas disparaître instantanément les voiliers de transport, qui représentent encore un quart de la flotte mondiale en 1914. Sur de longs trajets, les meilleurs voiliers tiennent des moyennes de 10-11 nœuds comparables à celles des vapeurs jusqu'à la Seconde Guerre mondiale incluse.

• La généralisation du diesel à partir des années 1950 permet de diminuer la consommation grâce à un meilleur rendement, d'augmenter l'autonomie et la puissance, donc de construire des navires 15 à 20 fois plus gros que ceux d'il y a un demi-siècle, mais pas beaucoup plus rapides (si la vitesse maximale dépasse couramment les 20 nœuds, les transits au long cours s'opèrent normalement à 15-18 nœuds).

Les câbles sous-marins, piliers du « temps réel »

• Le rétrécissement du monde, condition première de la mondialisation économique, s'explique par les grands canaux interocéaniques percés à la fin du XIXe siècle, puis agrandis au long du XXe, et par la pose d'un réseau de câbles sous-marins de plus en plus denses au fond des mers.

• Ce sont eux qui permettent les liaisons quasi-instantanées avec n'importe quel point du globe ; leur temps de réponse est en effet beaucoup plus court qu'une liaison satellite, qui est de plus très incertaine dans la durée. Plus de 90 % des communications internationales, tous supports confondus, transitent par ces câbles invisibles mais vitaux à l'heure de l'internet très haut débit.

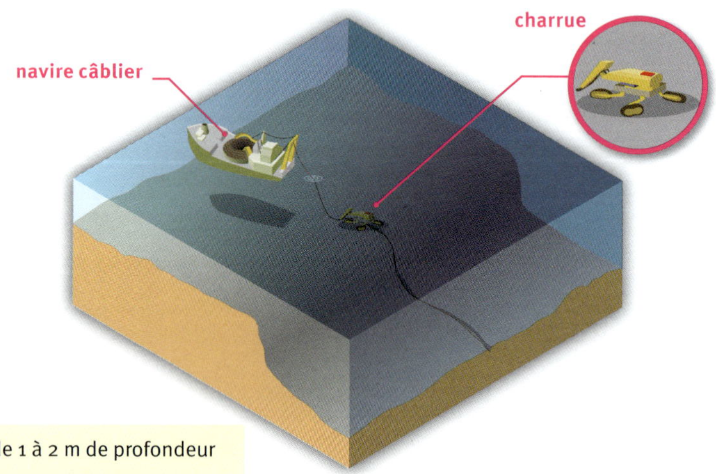

Pose d'un cable sous-marin. Le plus souvent les câbles sont posés dans un sillon de 1 à 2 m de profondeur creusé par une charrue pour éviter qu'ils ne soient arrachés par les chaluts de fond.

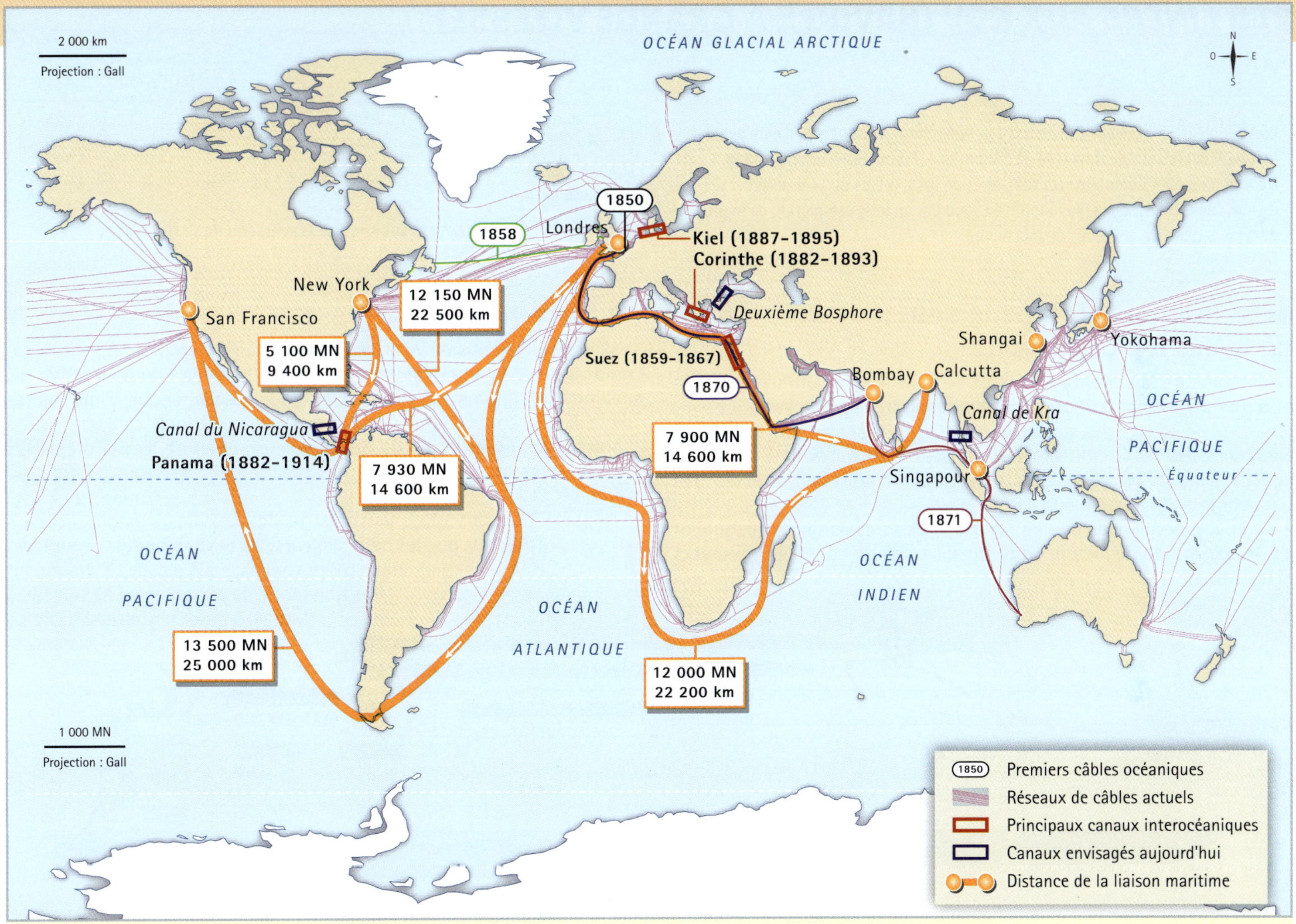

Le rétrécissement du monde depuis le XIXe siècle

DES *LINERS* AUX NGV (NAVIRES À GRANDE VITESSE)

Le « Ruban bleu » est une distinction symbolique décernée au navire ayant accompli la plus rapide traversée de l'Atlantique. Première occurrence : 1838. Dernier paquebot détenteur : *United States* en 1952, à plus de 35 nœuds de moyenne. Traversée la plus rapide en 1998 par un ferry catamaran, en moins de 3 jours (plus de 41 nœuds de moyenne).

Année	1838	1840	1852	1888	1907	1935	1937	1952	1998
Vitesse (en nœuds)	10	11	13	19	26	30	31	35,5	41

Progression de la vitesse moyenne des traversées de l'Atlantique

La mer, longtemps le seul moyen de relier les continents

• Au temps de la voile, le transport de passagers était inconfortable et d'une durée incertaine, car il fallait compter sur les variations du régime et de la force des vents. La vapeur permit de s'affranchir de cette contrainte, de tirer des routes plus rectilignes et de construire des navires spécialisés pour les passagers, plus grands et plus confortables : les paquebots* (voir aussi p. 62).

• Jusqu'au lancement du Boeing 707 à la fin des années 1950, le paquebot est le seul moyen de joindre un continent à un autre pour les passagers et le courrier.

La course à la vitesse

• Vitesse et gigantisme vont de pair et sont mis en avant par les compagnies transatlantiques comme la Cunard et la White Star pour attirer les millions de migrants prêts à tenter leur chance en Amérique. L'importance de la vitesse comme argument pour se distinguer de la concurrence est soulignée par l'invention du « ruban bleu », objet de batailles épiques jusque dans les années 1930, par exemple entre le *Normandie* et le *Queen Mary*.

• Depuis les années 1970, sont apparus des « navires à grande vitesse » (NGV) tels que les aéroglisseurs, les navires à effets de surface, les catamarans perce-vagues, etc. Ce sont généralement des transports de passagers et de véhicules (ferries) sur de courtes et moyennes distances.

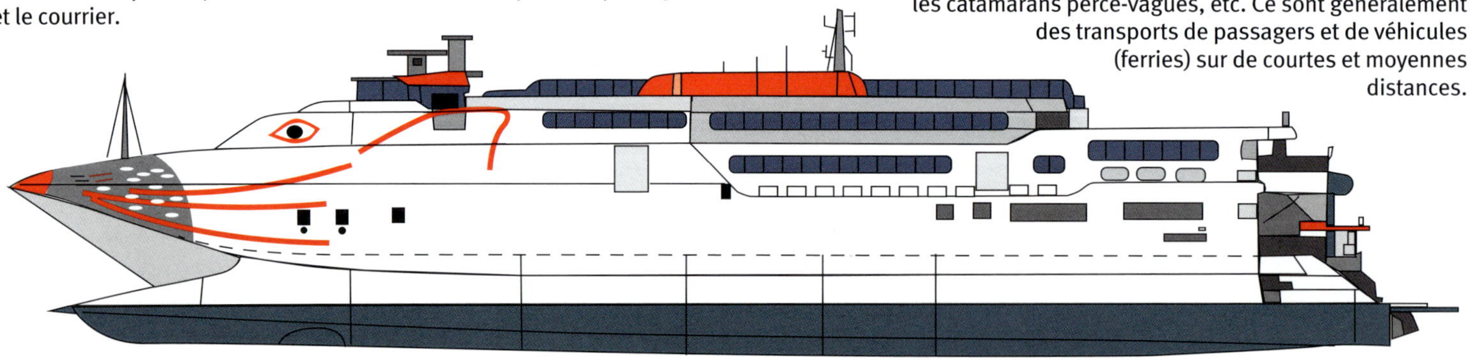

Reconstitution du NGV catamaran Cat-Link V (1998). Mesurant 91,3 m de long sur 26 m de large, c'est le dernier titulaire du record de vitesse de la traversée de l'Atlantique*, à plus de 41 nœuds de moyenne.

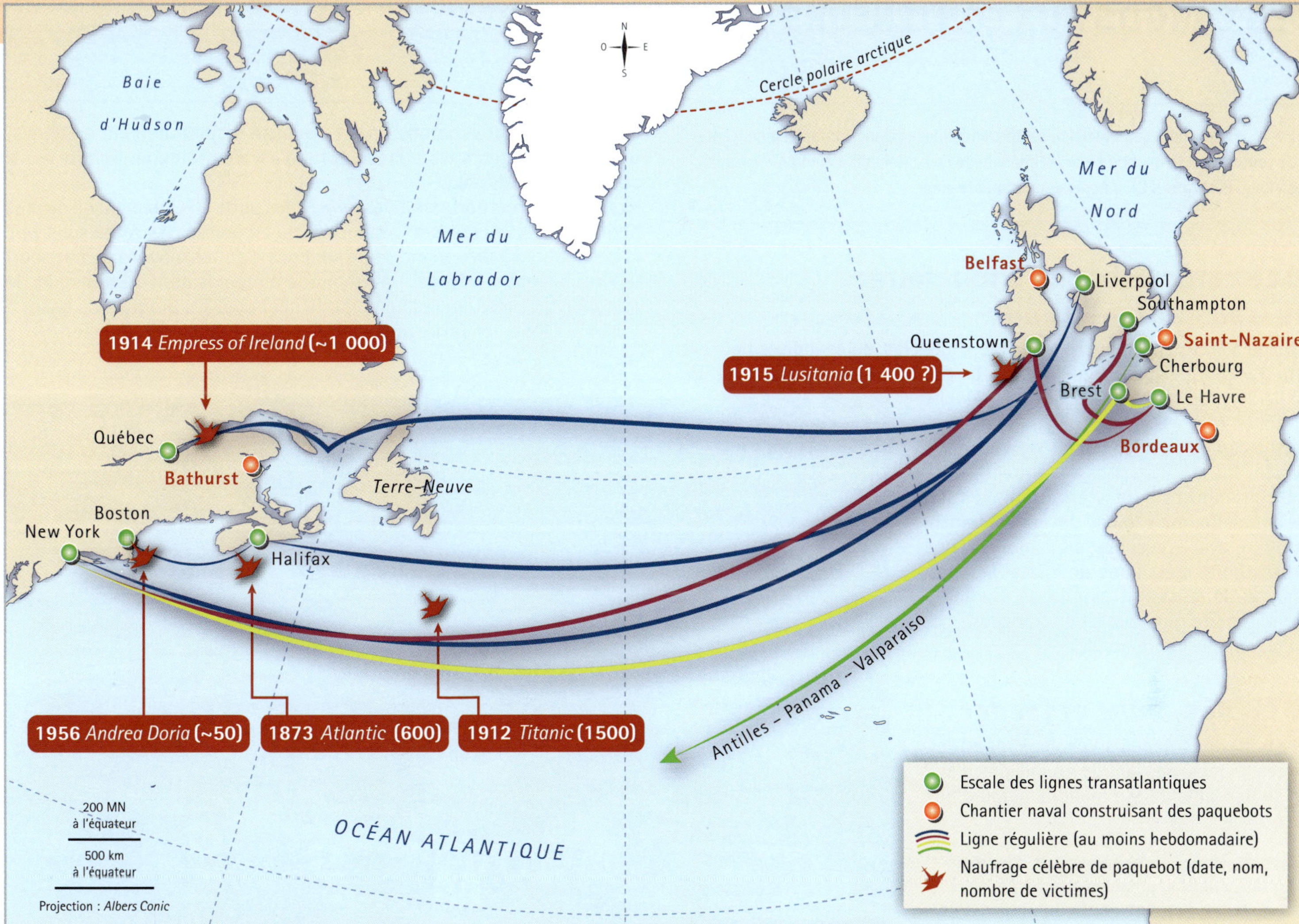

Le temps des liaisons transatlantiques

EVP, « équivalent vingt pieds » : unité standardisée pour comptabiliser le trafic de conteneurs. Correspond à la première taille de conteneur, d'environ 6 mètres de long. Plus rare : EQP = équivalent quarante pieds.

Le cargo, « bonne à tout faire » du transport maritime

• Jusqu'à la Seconde Guerre mondiale, toutes les marchandises peuvent être transportées par cargos, navires de commerce polyvalents : pétrole en barils, produits agricoles en sacs, produits divers en caisses, etc. Le traitement des cargaisons au port est long et les marchandises doivent être stockées dans des entrepôts.

• Un premier progrès vient de l'invention de la palette, mais le pas décisif est franchi en 1956, avec l'invention du conteneur, une grosse boîte métallique de format standardisé, cadenassée et empilable à volonté sur n'importe quel moyen de transport – ce qu'on appelle intermodalité*.

Lignes, *hubs* et *feeder*

• Le trafic de conteneurs a explosé ces 20 dernières années, passant de 30 millions d'EVP en 1990 à plus de 150 millions aujourd'hui. Le trafic des porte-conteneurs est organisé majoritairement en lignes, desservant toujours les mêmes ports d'escales selon un horaire aussi ponctuel que possible.

• Les plus grands ports sont des *hubs**, des ports d'éclatement où de plus petits navires, les *feeders**, apportent ou emportent les cargaisons vers la destination finale, quand ce ne sont pas d'autres moyens de transport qui prolongent le voyage. L'autre mode d'organisation du transport, le *tramping**, connaît un regain en particulier pour les produits de base : il consiste à louer un navire pour un trajet ou une durée déterminée.

Un porte-conteneurs à quai. Lors d'un trajet sur une « ligne », un tel navire charge et décharge des conteneurs à chaque escale, transportant au final 2 à 3 fois le nombre d'EVP de sa capacité théorique.

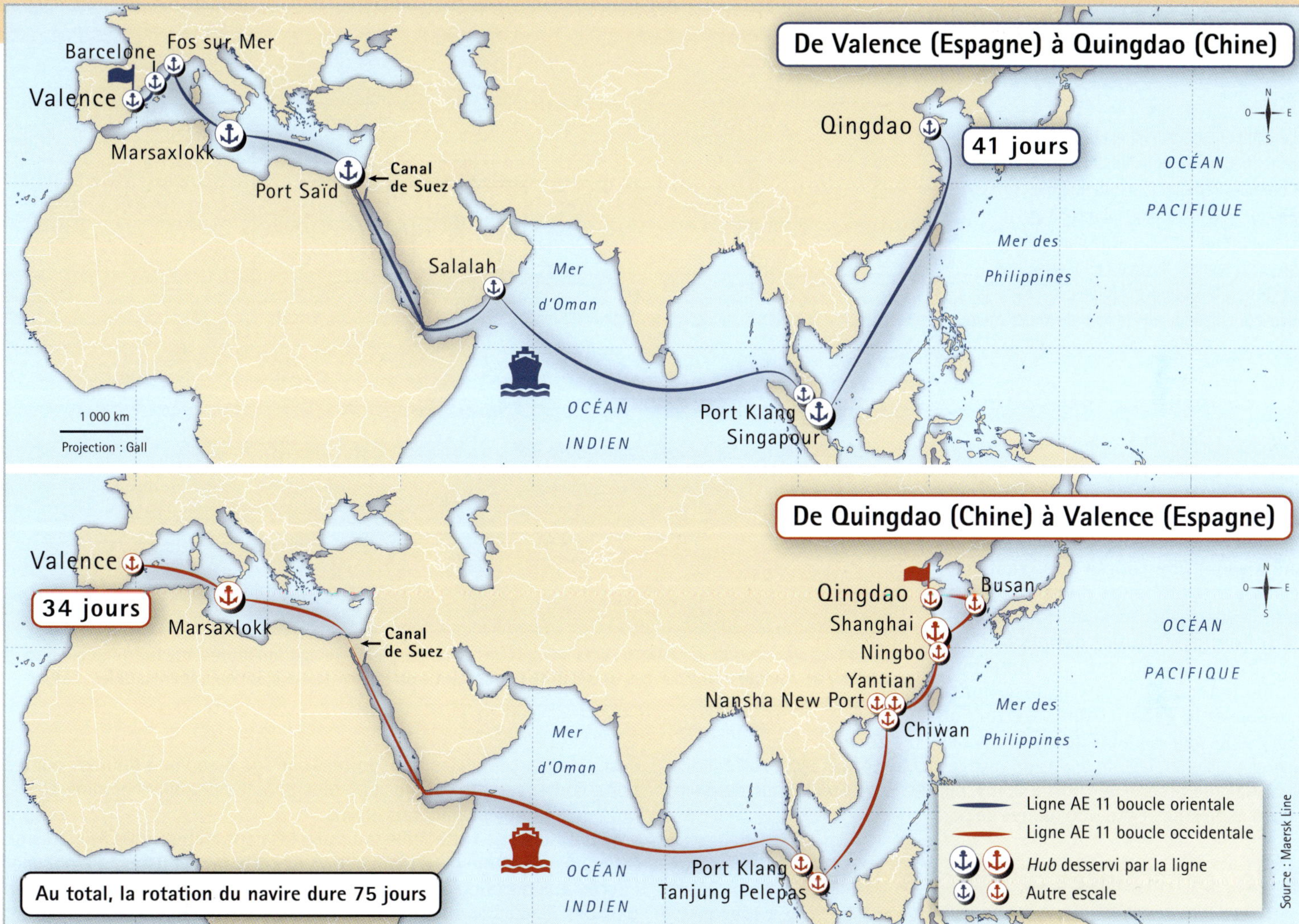

Un exemple de ligne de porte-conteneurs : le service AE 11 (Asie - Europe) proposé par Moller-Maersk

LES GÉANTS DES MERS

Le *Seawise Giant* est la plus grande construction flottante jamais réalisée par l'homme. Pétrolier lancé au Japon en 1975. Environ 380 m de long, rallongé à 458 m cinq ans plus tard. Capacité maximale : 565 000 tonnes. Navigant peu, rebaptisé et racheté à plusieurs reprises, il achève sa carrière en 2009 sous le nom de *Knock Nevis*.

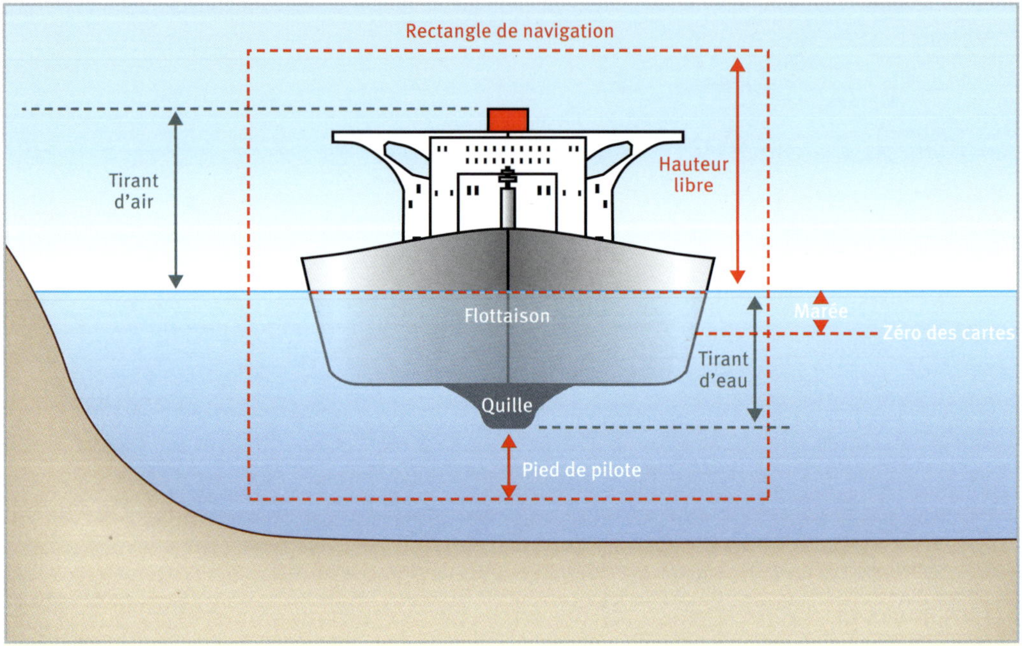

Les dimensions fondamentales pour la navigation. Le rectangle de navigation représente les dimensions à prendre en compte et les marges de sécurité permettant à un navire de naviguer en minimisant les risques d'erreurs et d'accident.

Des navires toujours plus grands ?

• Historiquement, les plus grands navires étaient les paquebots*, destinés aux passagers et au courrier (voir p. 62). À partir des années 1960, ce sont les pétroliers qui connaissent une course au gigantisme, accrue par la fermeture du canal de Suez après la guerre des Six Jours (1967-1975).

• Contourner l'Afrique depuis le Golfe Persique vers l'Europe ou l'Amérique double le temps de trajet mais autorise à dépasser le gabarit admis à Suez : on pense alors plus rentable de construire des navires plus gros, faisant moins de voyages. Entre 1975 et 1977, sortent de Saint-Nazaire la série des trois *Batillus*, puis le *Pierre Guillaumat*, de plus de 410 m de long et 550 000 tonnes de port.

Des contraintes difficiles à dépasser

• Avec la crise pétrolière puis la réouverture du canal de Suez, ces géants furent utilisés au plus une dizaine d'années. Les plus grands navires aujourd'hui ont une longueur d'environ 400 m mais avec d'importants écarts de marchandises transportées : de 190 à 200 000 tonnes pour les porte-conteneurs, le double voire plus pour les pétroliers et minéraliers, qui transportent les minerais en vrac.

• Aller au-delà de cette taille multiplie les contraintes et les fragilités de la coque, augmente la consommation de carburant et risque d'empêcher l'accès aux ports ou à certains passages resserrés (voir pp. 74-75). En plus des dimensions « horizontales » (longueur et largeur), c'est le tirant d'eau* qui pose problème à partir d'une vingtaine de mètres, certains détroits majeurs n'ayant guère plus de 22 à 25 m de fond.

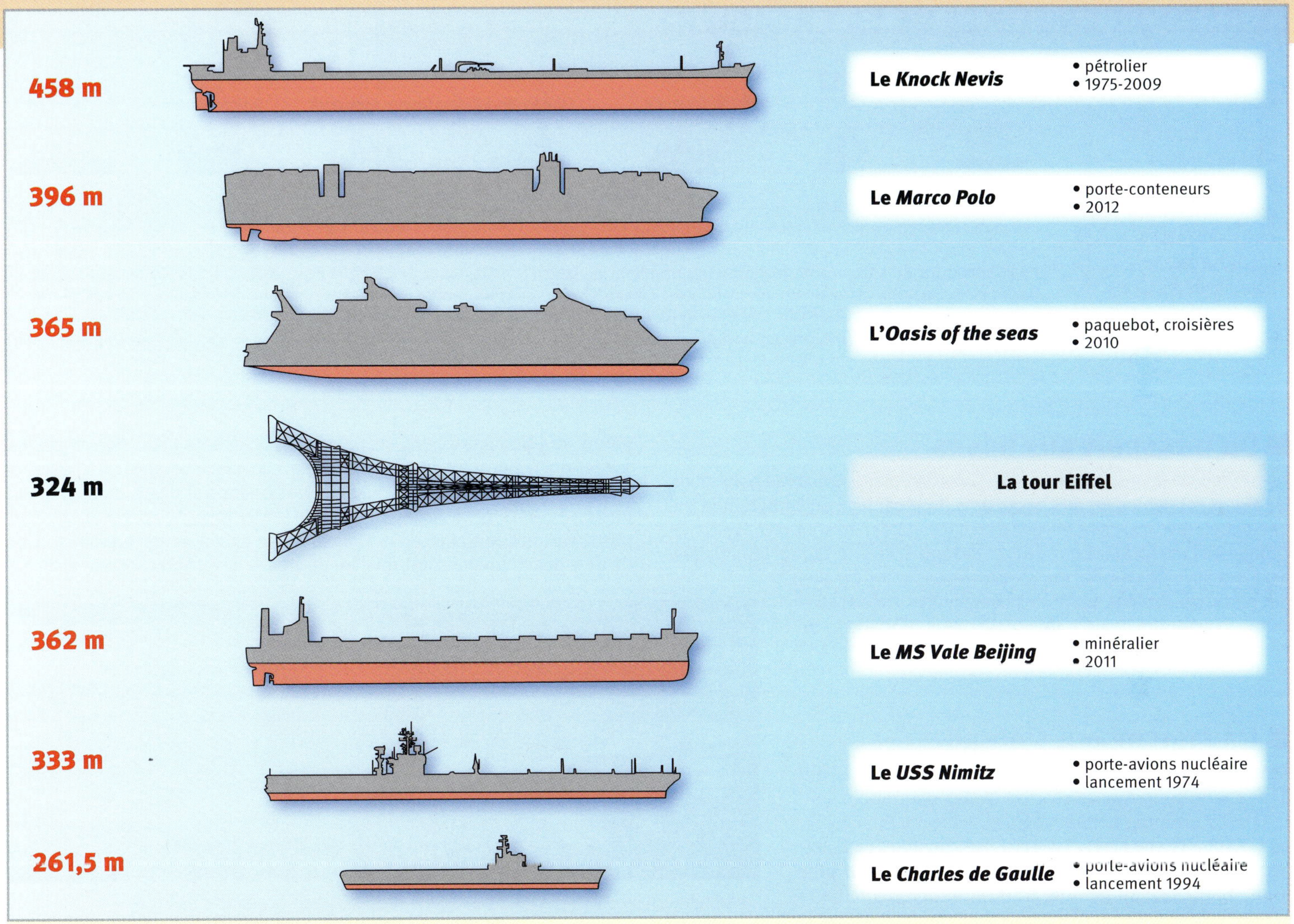

Les plus gros navires de notre temps

LE RETOUR EN FORCE DE LA CROISIÈRE

Le mot **paquebot** vient de l'anglais « *packet boat* », désignant le transport de courrier ; navire spécialisé dans le transport de passagers.

1843	1912	1935	1936	1938	1951	1962
Great Britain	*Titanic*	*Normandie*	*Queen Mary*	*Queen Elisabeth*	*United States*	*France*

Les paquebots mythiques

Les paquebots, plus grands et plus rapides que tous les autres navires jusqu'aux années 1970, ont toujours été des navires emblématiques du savoir-faire de l'industrie navale et de ses partenaires pour les aménagements intérieurs. Certains, par leurs qualités ou par leur destin, sont devenus des mythes, comme : le *Great Eastern* (1860-1890), approchant les 20 000 tjb[1] soit 6 fois plus que ses devanciers, encore mû par des roues à aubes et inspirateur de Jules Verne ou de Victor Hugo ; le *Titanic*, dépassant 46 000 tjb, disparu à son premier voyage en 1912 mais à qui survécut son sister-ship* l'*Olympic* (1911-1937) ; le *Normandie* (1935-1942) et le *Queen Elizabeth* (1940-1972), les deux rivaux de quelque 80 000 tjb détruits par le feu ; le *France* (1962-2009), qui resta le plus long de l'histoire jusqu'à l'achèvement du *Queen Mary II* (2004). Le seul à survivre de ces mythes flottants est l'*United States*, lancé en 1951, et devenu monument historique.

1. tjb = tonneaux de jauge brute

Du transport aux loisirs

• À partir de la fin des années 1950, l'avion supplante le bateau pour relier les continents et les grands paquebots, trop coûteux en carburant et en personnel, disparaissent les uns après les autres, ou sont reconvertis, à l'image du *France*, lancé en 1962, et devenu *Norway* en 1979. La croisière est alors un loisir de luxe, qui concerne surtout les Caraïbes*.

• À partir des années 1980, des compagnies spécialisées commandent des navires de plus en plus modernes, de plus en plus grands, et les sites de croisière s'étendent à la Méditerranée*, au grand Nord, à l'océan Indien*...

Un marché qui s'étend

• L'activité est dominée par trois groupes américains, qui détiennent 85 % du marché. 90 % des paquebots sont construits en Europe, notamment en Italie, en Allemagne, en Finlande et en France. Fin 2012, les chantiers de Saint-Nazaire ont d'ailleurs reçu la commande du futur plus grand paquebot du monde, troisième exemplaire de la série des *Oasis of the seas*, jusque-là fabriqués en Finlande.

• Les paquebots des années 1990 pouvaient accueillir moins de 3 000 passagers, les plus grands navires actuels dépassent les 5 à 6 000. À bord, les touristes trouvent des piscines, des cinémas, des salles de spectacles, des gymnases, des casinos et des excursions sont organisées lors des escales, ce qui rend la Méditerranée particulièrement attractive : elle fait aujourd'hui presque jeu égal avec les Caraïbes, avec un tiers des 21 millions de croisiéristes et des recettes du secteur en 2011.

Paquebots à quai à Port-Charlotte-Amalie (Îles Vierges). La mer des Caraïbes est la première région pour le tourisme de croisière. Les Antilles voient régulièrement plusieurs géants des mers en escale.

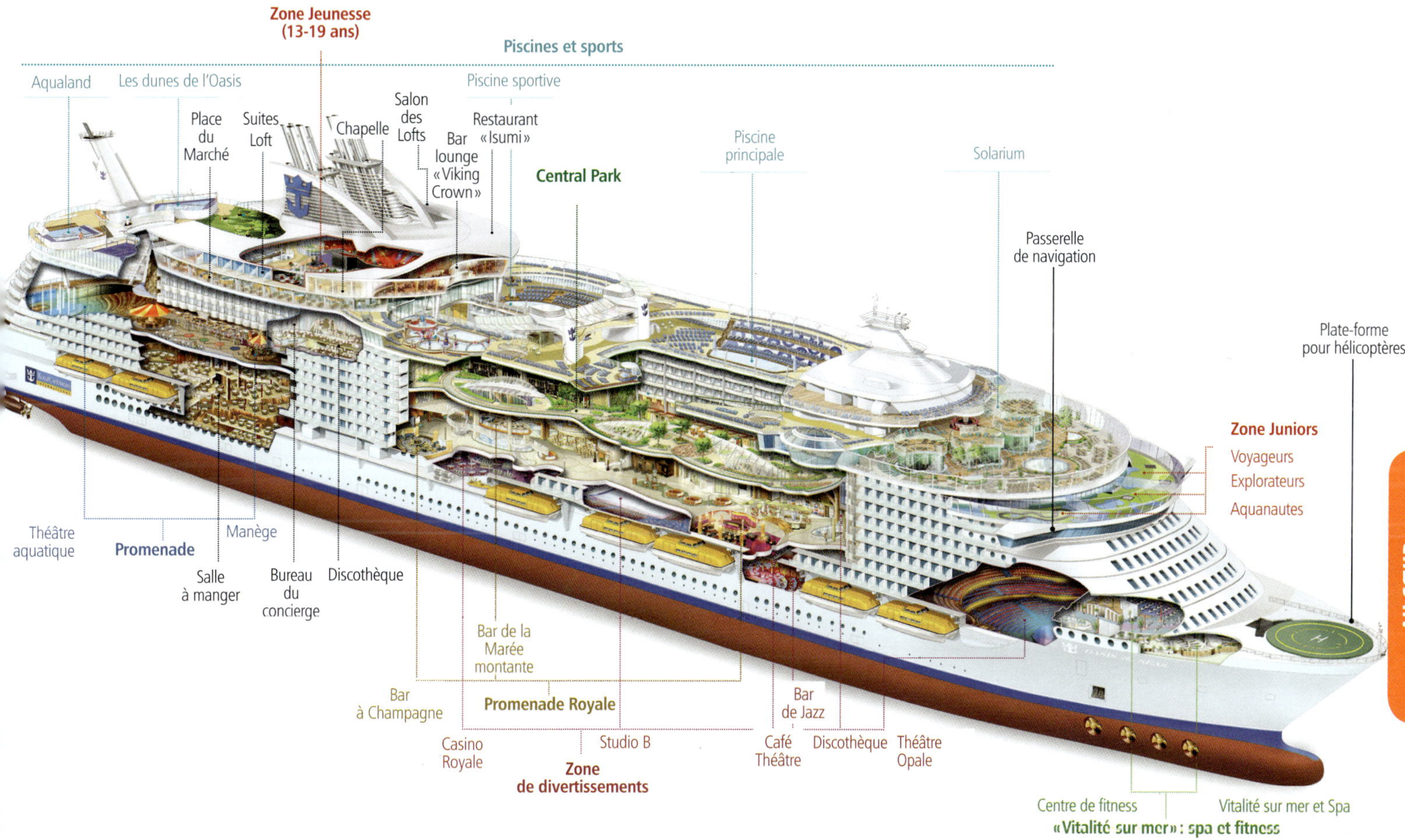

Le plus grand paquebot du monde: l'*Oasis of the seas*. Deux exemplaires déjà construits, un troisième en commande et un quatrième en option. Ces navires de 365 m de long accueillent jusqu'à 6300 passagers et plus de 2000 membres d'équipage.

L'OCÉAN PACIFIQUE

Pacifique : ainsi baptisé en 1520 par Magellan, heureusement surpris par le calme au sortir de sa difficile traversée de l'Atlantique Sud et du détroit qui porte son nom. Pourtant, la nature s'y déchaîne souvent avec violence. « Continent invisible » : c'est ainsi que le prix Nobel de littérature, J.M.G Le Clézio, appelle l'Océanie, « continent » aussi vaste que le Brésil mais dont 95 % de la surface terrestre est constituée de l'Australie (91 %) et de la Nouvelle-Zélande.

- **1853-54** Le Japon forcé de s'ouvrir au monde face à la flotte américaine menée par le commodore Perry
- **1898** Victoire des États-Unis sur l'Espagne
- **1914** Ouverture du canal de Panama
- **1941** Attaque japonaise sur Pearl Harbor
- **1945** Bombes atomiques sur le Japon
- **1950** Guerre de Corée / Traité de San Francisco
- **1989** Fondation de la Coopération économique Asie-Pacifique (APEC)

Le nouveau centre de gravité du monde

• L'immensité du Pacifique (un tiers du globe) a longtemps limité les échanges entre ses rives, mais depuis 1980, les échanges transpacifiques ont dépassé les échanges transatlantiques. Ils représentent aujourd'hui 70 % du fret mondial, témoignant du rôle croissant de l'Asie orientale (Japon et « dragons* », puis Chine).

• Le développement de la coopération entre les riverains au sein de l'APEC* et des accords de libre-échange ont renforcé le sentiment que l'aire Pacifique remplaçait l'Atlantique* comme centre de l'économie mondiale (un tiers du PIB total) et principal pôle de croissance (la moitié de la croissance mondiale). La France dispose de la 3e ZEE* du Pacifique, après les États-Unis et l'Australie, représentant plus de 60 % de sa ZEE totale.

Rivalités de puissance et enjeux environnementaux

• Si les États-Unis dominent cet océan depuis la fin du XIXe siècle, de nouvelles puissances cherchent à s'y imposer. C'est le cas de la Chine et de la Russie, qui coopèrent au sein de l'Organisation de Shanghai (OCS), mais dont les accès maritimes sont fortement contraints.

• L'essor foudroyant de l'Asie encourage la recherche de matières premières, y compris au fond de l'océan, mais les écosystèmes du Pacifique sont fragiles et menacés par les changements climatiques en cours : les coraux supportent mal le réchauffement et l'acidification de l'eau ; nombre d'îles peu élevées risquent de disparaître sous les eaux avant la fin du siècle.

L'atoll* d'Atafu (îles de Tokelau, Pacifique Sud, env. 500 hab.). Son altitude est de seulement 2 m au-dessus des marées hautes, ce qui l'expose aux cyclones* et à l'élévation du niveau des mers.

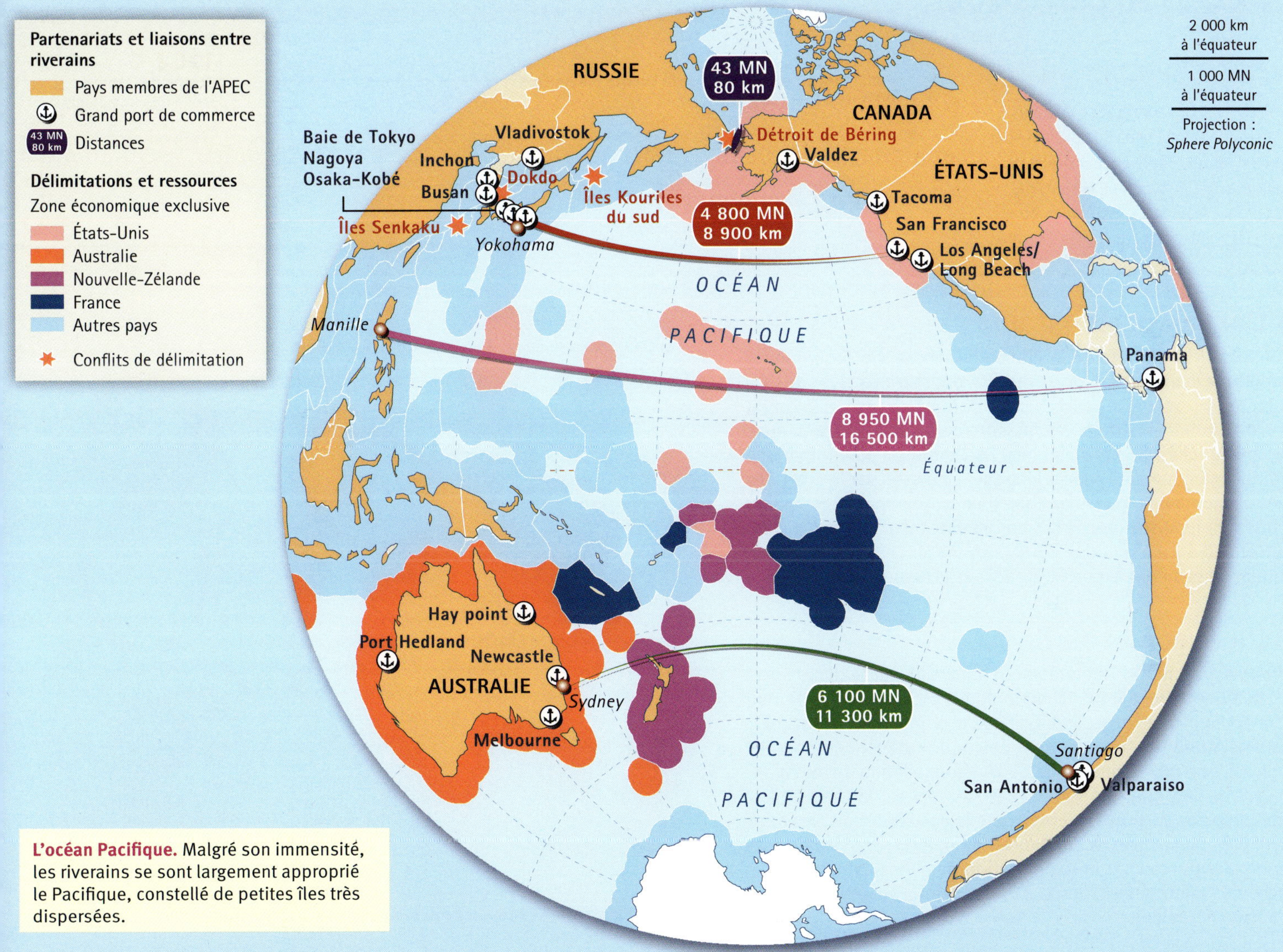

L'océan Pacifique. Malgré son immensité, les riverains se sont largement approprié le Pacifique, constellé de petites îles très dispersées.

L'OCÉAN ATLANTIQUE

Atlantique : nom grec se référant à l'Atlantide selon Platon ou au géant Atlas pour d'autres. Baptisé « mer Océane » ou « mer Occidentale » au Moyen Âge, il retrouve le nom d'« Atlantique » au XVIe siècle grâce au cartographe Mercator.

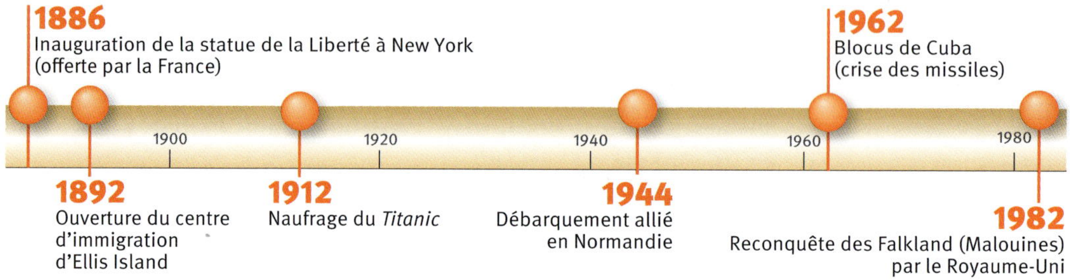

L'océan occidental

• Depuis 1815 (défaite de la France impériale, fin de la guerre anglo-américaine), aucun conflit n'a opposé des riverains de l'Atlantique (excepté le court épisode de Cuba en 1898 et le conflit des Malouines en 1982). Les facteurs de solidarité (commerce, cultures proches sinon communes) l'ont emporté pour forger une véritable communauté transatlantique, cimentée par le sang des guerres mondiales, où l'Atlantique joue un rôle majeur (cf. p. 43) et institutionnalisée lors de la Guerre froide (cf. p. 45) par la création de l'Alliance atlantique (OTAN* en 1949). Cette alliance s'est maintenue et même renforcée au-delà de la disparition de l'URSS.

Un second souffle ?

• Depuis 30 ans, l'Atlantique paraît surclassé par le dynamisme du Pacifique, et le rapport démographique plaide pour le maintien de la prééminence du second (60 % de la population mondiale).

• Mais l'Atlantique ne déclinera pas pour autant : l'émergence du Brésil et d'une bonne partie de l'Amérique latine, le rôle grandissant de l'Afrique, désormais reliée au réseau de câbles à fort débit, le poids de l'Union européenne et des États-Unis, les deux premières puissances économiques mondiales, sont des atouts sérieux, renforcés par la réaffirmation des liens culturels entre anciennes métropoles (France, Royaume-Uni, Espagne, Portugal) et anciennes colonies.

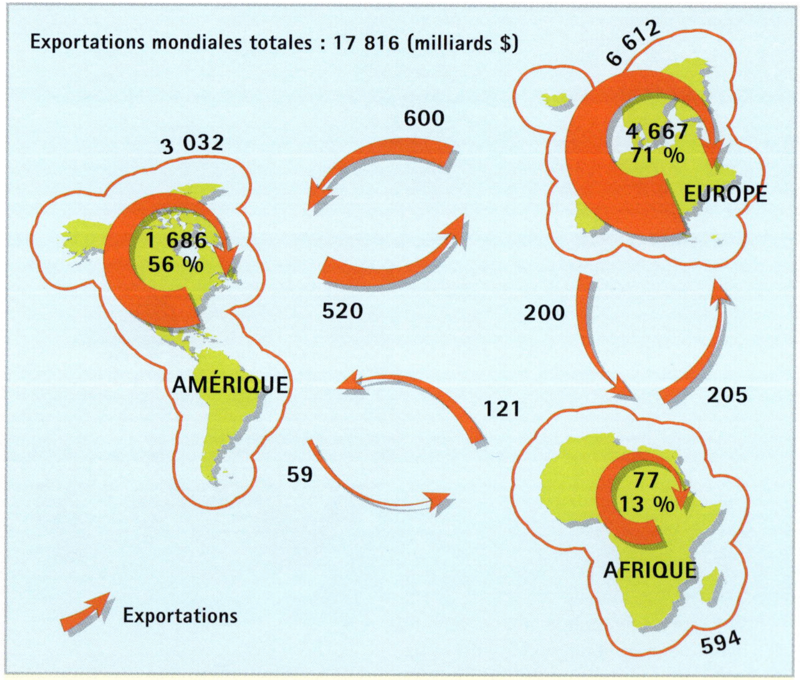

La participation au commerce mondial des riverains de l'Atlantique

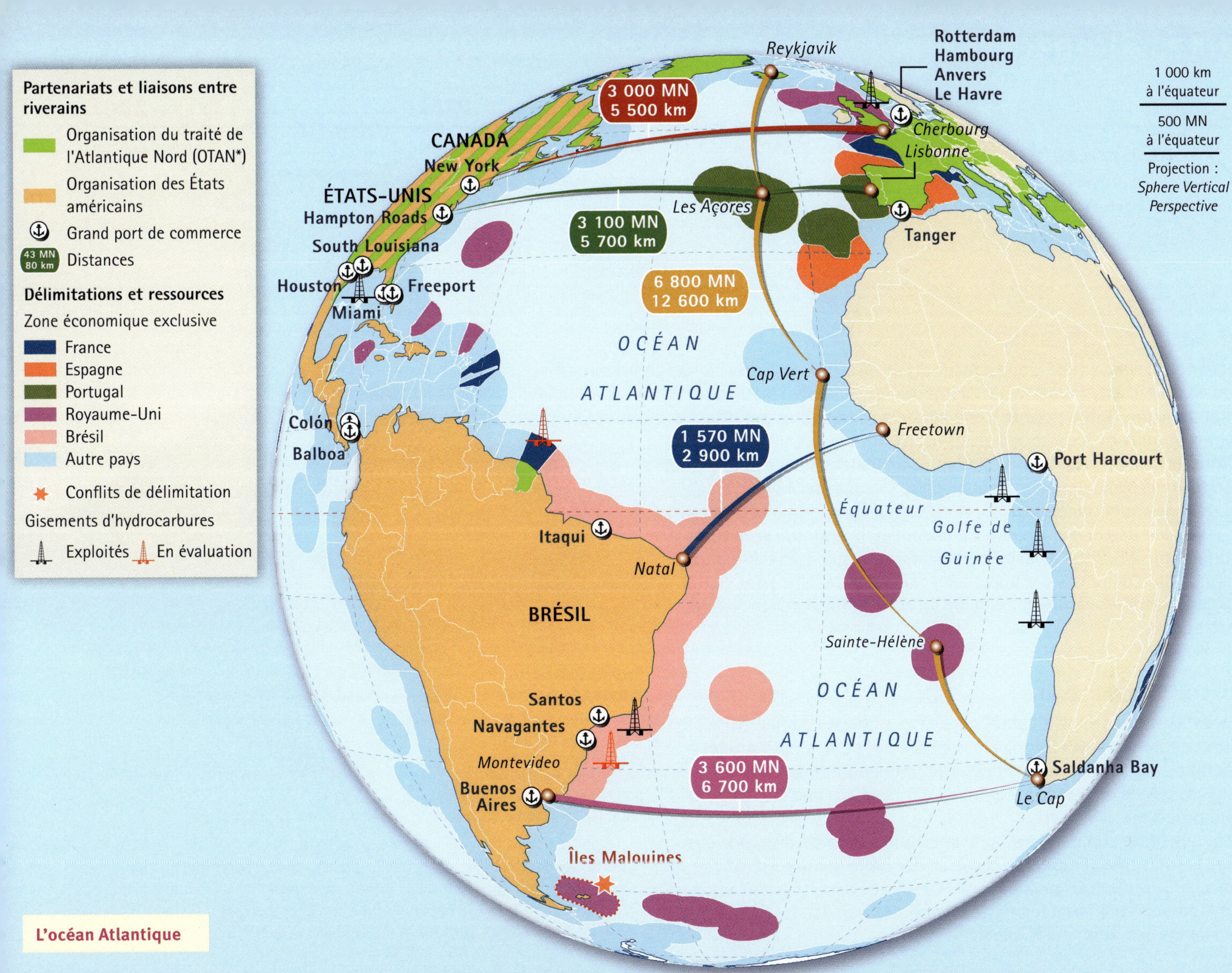

L'océan Atlantique

L'OCÉAN INDIEN

Indien : appelé « mer des Indes » ou « océan Indien » depuis la plus haute Antiquité (Ptolémée, Pline).

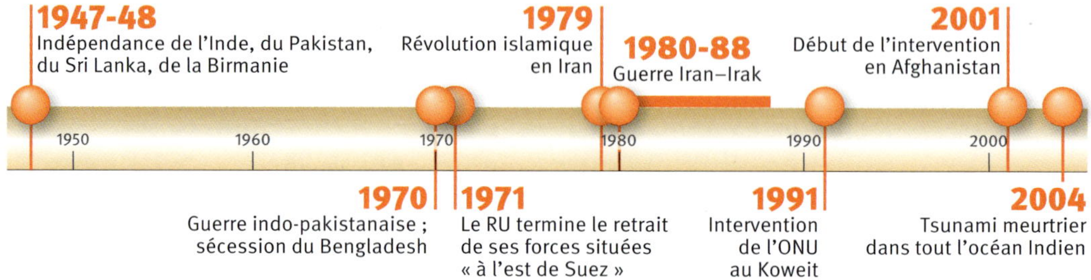

L'océan des faux-semblants

• L'océan Indien passe en Europe pour un océan du farniente, du fait de sa situation intertropicale et des nombreux pays ayant misé sur le tourisme : Réunion, Maurice, Maldives, Seychelles, Thaïlande, voire Dubaï pour le très haut de gamme. Pourtant, il est avant tout la plaque tournante du trafic mondial des hydrocarbures depuis le golfe Persique ou l'Afrique de l'Est vers l'Asie et l'Europe principalement. On peut y ajouter les 20 millions de conteneurs circulant entre l'Europe et l'Asie.

• Les grandes puissances navales, et celles qui cherchent à le devenir, sont d'ailleurs très présentes dans la région, où la piraterie sévit fortement (voir pp. 88-89). Par ailleurs, ses littoraux qu'on imagine paradisiaques ont connu ces dernières décennies des catastrophes parmi les plus meurtrières : tsunami* comme en 2004 et en 2010, cyclones*, inondations…

L'océan du Sud

• Ces catastrophes sont d'autant plus dévastatrices que les riverains appartiennent tous au « Sud », groupe hétérogène des pays en développement. À part l'Inde, ces pays trop faibles pour entretenir une puissance navale ont laissé le contrôle de l'océan aux puissances européennes puis aux États-Unis.

• Récemment, la Chine a développé une série d'accords avec l'Afrique et avec les voisins de l'Inde. Elle construit des infrastructures portuaires parfois considérées comme un réseau de futures bases navales encerclant l'Inde et sécurisant les routes maritimes vers l'Asie. Ce que les Américains ont surnommé le « collier de perles ».

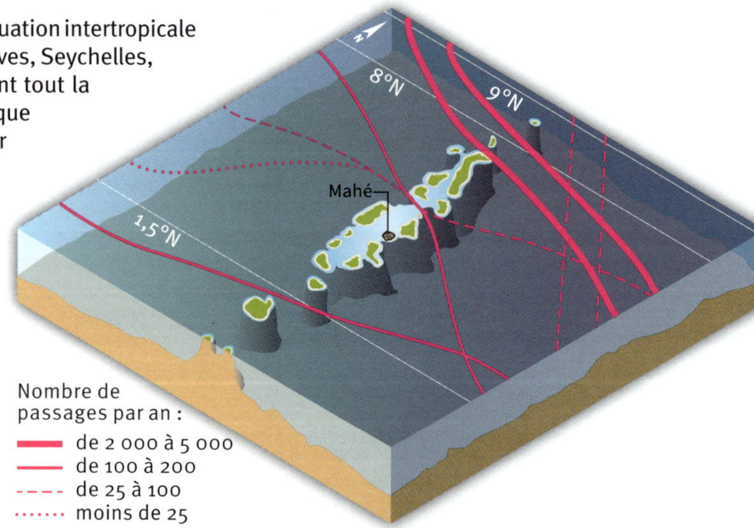

Nombre de passages par an :
- de 2 000 à 5 000
- de 100 à 200
- de 25 à 100
- moins de 25

Routes maritimes empruntées par des navires dont la cargaison est supérieure à 10 000 tonnes de jauge brute.

Les Maldives, un obstacle à éviter. Les 1 200 îles de l'archipel des Maldives s'étirent sur 800 km de l'Inde à l'équateur, déterminant des hauts fonds que les routes maritimes évitent en empruntant les passages du 8ᵉ ou du 9ᵉ degré, au Nord de l'archipel, plus rarement celui de 1,5°, au Sud.

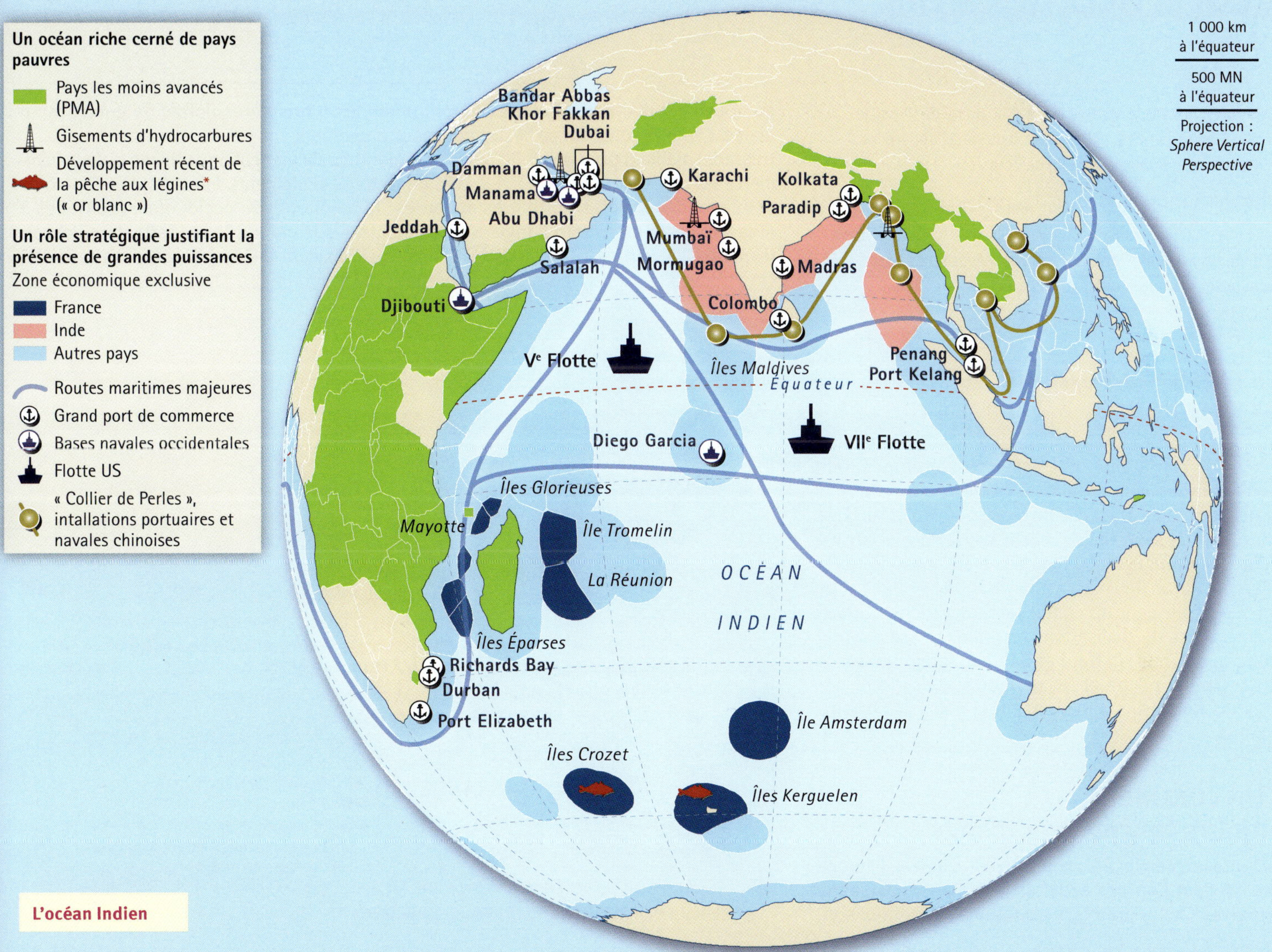

L'océan Indien

EUROPE, FILLE DES MERS

Europe : princesse mythologique, fille du roi de Phénicie (Liban et Syrie actuels), enlevée par Zeus sous l'apparence d'un taureau et déposée sur l'île de Crète.

Méditerranée : issu du latin, mot signifiant « au milieu des terres ». C'est seulement au VIe siècle ap. J.-C. qu'elle reçoit ce nom, les Romains l'ayant plutôt baptisée, comme César, *mare nostrum* (notre mer).

L'Europe, continent maritime par excellence

• Dès son origine mythique, l'Europe « naît » de la mer. De tous les continents, elle est le plus profondément baigné et influencé par la mer : modeste péninsule de l'immense Eurasie, dont elle ne représente qu'un sixième de la superficie si on ne lui rattache pas la Russie, elle est pénétrée au Nord et au Sud par des mers quasi-fermées. En Europe, aucun lieu n'est à plus de 1000 km d'une côte.

• Ainsi s'expliquent un climat remarquablement doux et l'émergence de civilisations maritimes précoces dont Méditerranée, mer du Nord et Baltique furent autant de matrices où la pêche et le commerce aguerrirent des dynasties de marins parés ensuite à défier les océans inconnus.

Un continent toujours tourné vers la mer

• En tant que premier pôle commerçant mondial, l'Europe reste un haut lieu des activités maritimes, navales et portuaires : les 3 premiers armateurs mondiaux sont européens, 3 marines d'Europe figurent parmi les 8 premières flottes de guerre mondiales, l'Europe construit 90 % des nouveaux paquebots.

• Paradoxalement pour une telle puissance maritime, la mer est peu utilisée pour le commerce entre les membres de l'UE (40 % de ce trafic seulement). Elle compte néanmoins deux grandes façades portuaires majeures : la Méditerranée occidentale (de Gênes à Algesiras) et la « Northern Range* » sur la Manche et la mer du Nord. Cette dernière correspond à l'ouverture sur le large de la vallée du Rhin et de la « mégalopole » européenne. On y trouve Rotterdam, le seul des 10 premiers ports mondiaux qui ne soit pas asiatique.

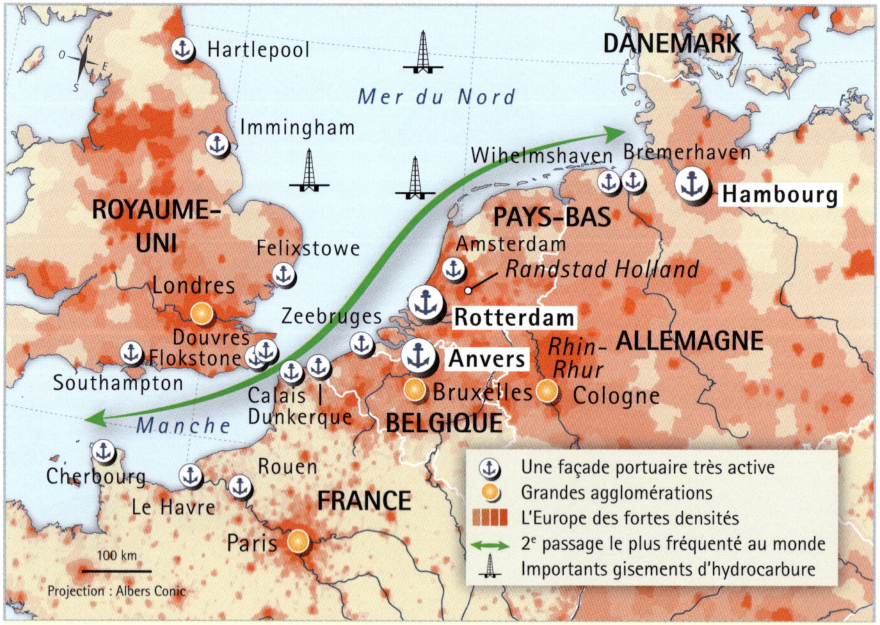

La Northern Range, façade maritime exceptionnelle

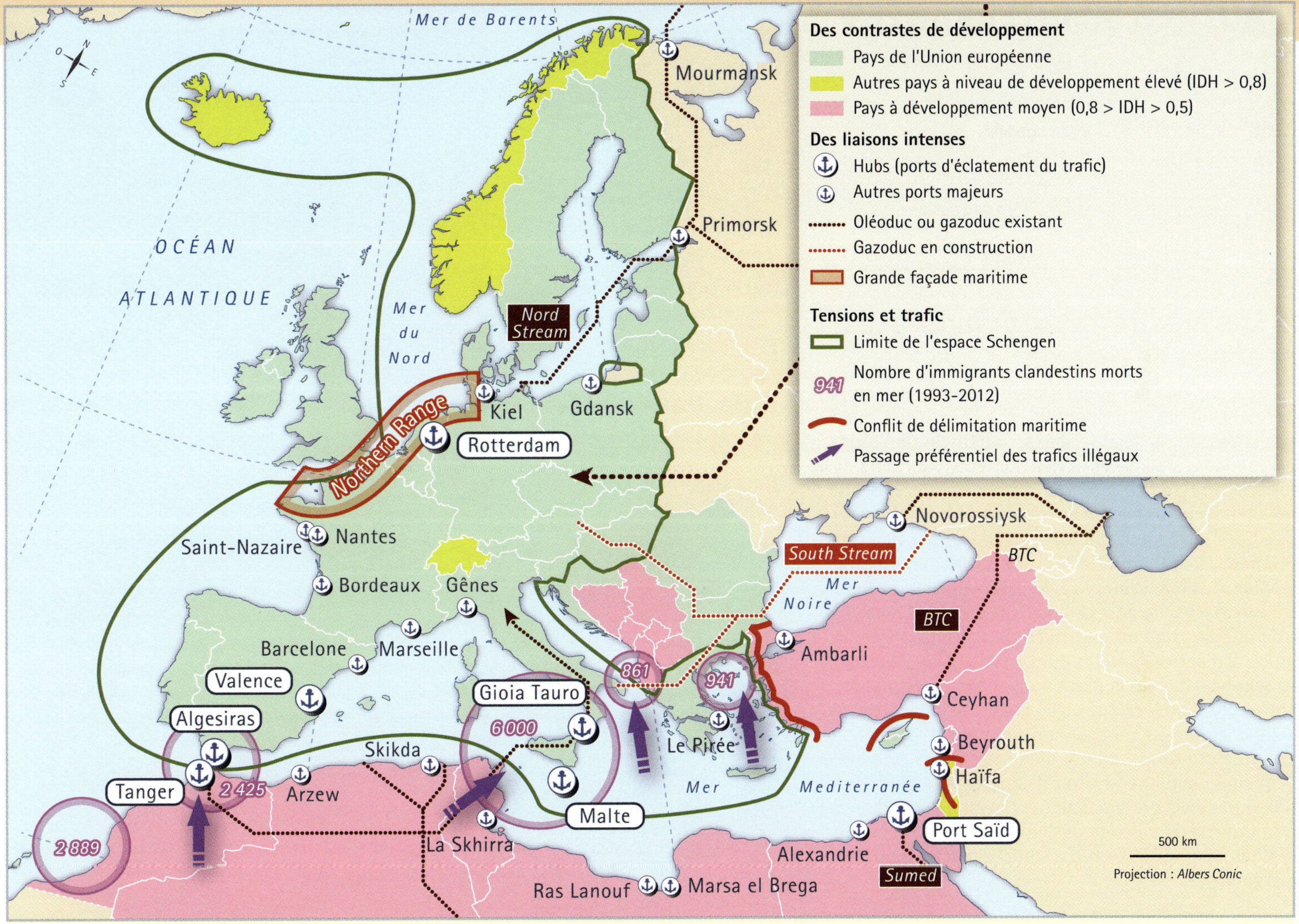

L'Europe, reliée au reste du monde

D'AUTRES MÉDITERRANÉES

Mer des Caraïbes : 2 640 000 km²
Golfe du Mexique : 1 550 000 km²
Mer de Chine méridionale : 3 500 000 km²
Mer de Chine orientale : 770 000 km²

Les méditerranées : interfaces et zones de tension

• En dehors de « la » Méditerranée*, deux autres mers péricontinentales présentent des caractéristiques similaires : mers semi-fermées, superficie de l'ordre de 3 millions de km² et offrant sur leurs pourtours de forts contrastes culturels et d'importantes inégalités de développement. Les mers de Chine* et la mer des Caraïbes* sont à la fois traversées par des flux intenses, licites ou illicites, et par des facteurs de tension, aux implications régionales, voire mondiales.

• Il existe ainsi un « arc de crise » mondial qui relie ces trois méditerranées. Les rivalités entre la Chine, le Japon et d'autres riverains des mers de Chine, le conflit israélo-palestinien, la partition de Chypre, les guerres entre cartels au Mexique ou en Colombie font partie de cette fracture géopolitique, qui entretient et dramatise une fracture Nord-Sud qui n'est plus aussi évidente économiquement en raison des processus d'intégration et de division régionale du travail, mais qui tend à se transposer au cœur des territoires des États entre régions ou quartiers intégrés et régions ou quartiers marginalisés.

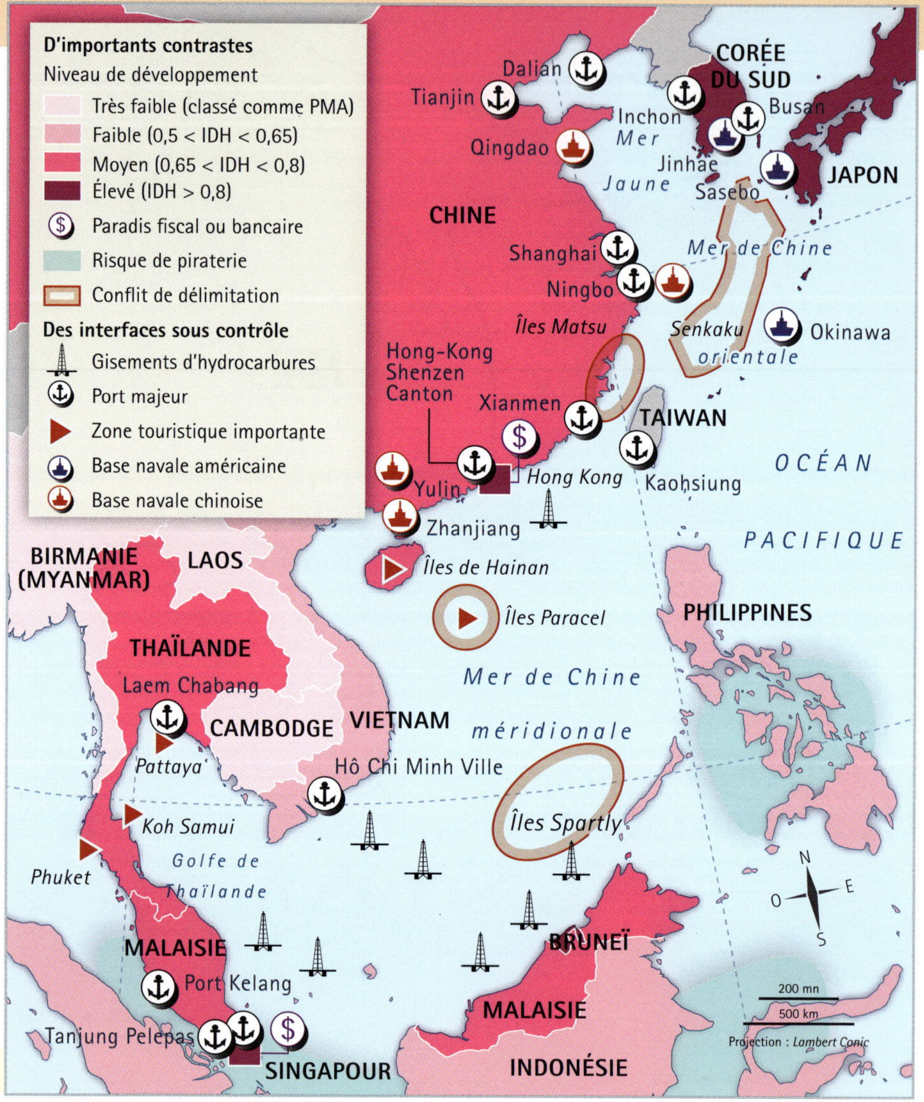

Les mers de Chine, future « *mare nostrum* » chinoise ?

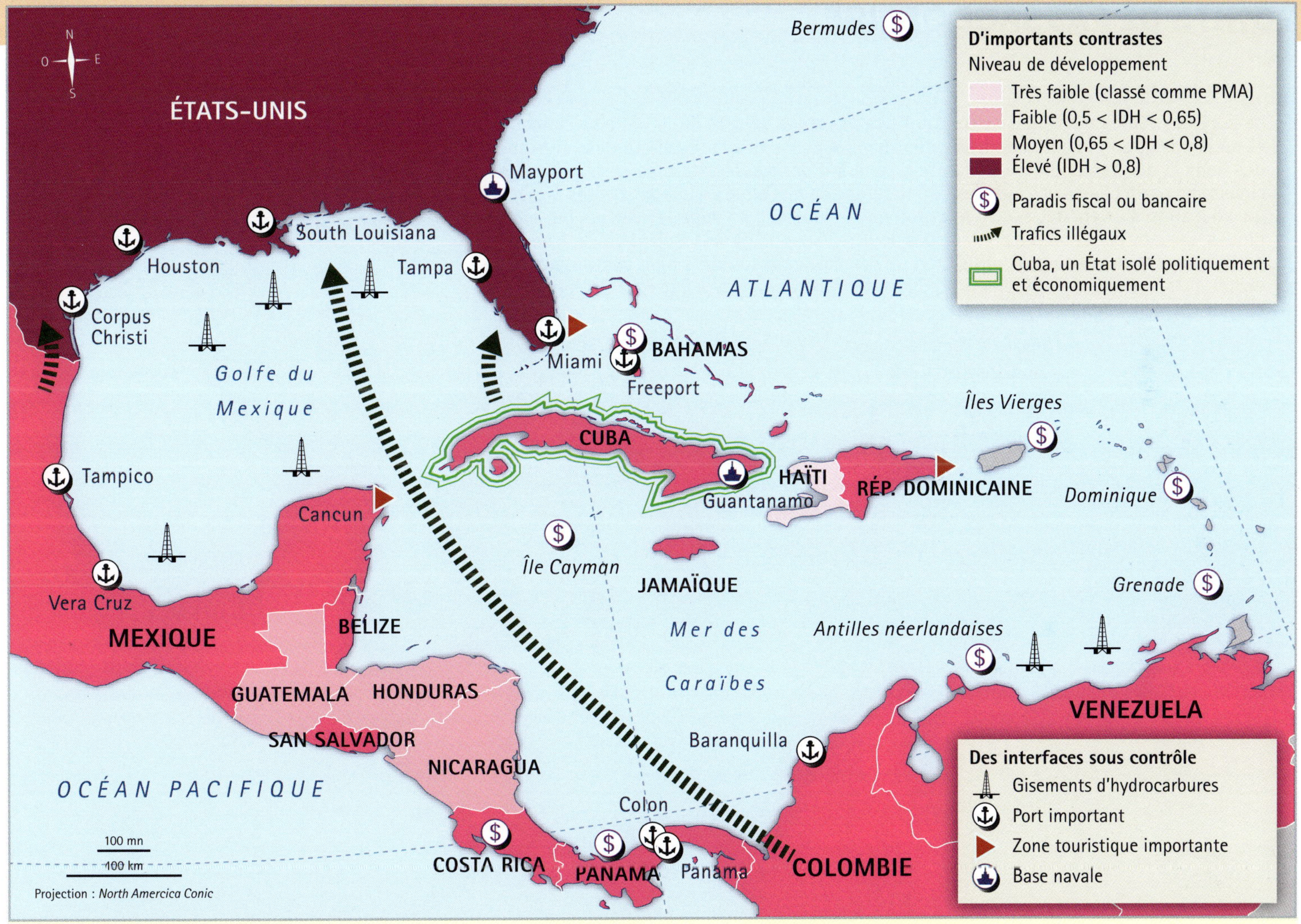

La mer des Caraibes, une Méditerranée américaine

POINTS DE PASSAGE OBLIGÉ

Le long des routes maritimes se trouvent des passages obligés où le trafic se concentre et où la navigation est plus délicate. Pourquoi ? À cause des caractéristiques physiques des lieux et du grand nombre de navires, générant parfois des attentes et des règles de circulation particulières. Il s'agit des **détroits**, bras de mer situés entre deux côtes proches, qui sont aussi souvent des **seuils**, à la profondeur limitée. Il y a aussi les **canaux** interocéaniques, creusés par l'homme pour joindre deux espaces maritimes isolés. L'accroissement de la taille des navires rend l'utilisation de ces passages toujours plus contraignante et exige des travaux d'agrandissement réguliers des canaux, comme à Suez, ou exceptionnels, comme ceux en cours à Panama.

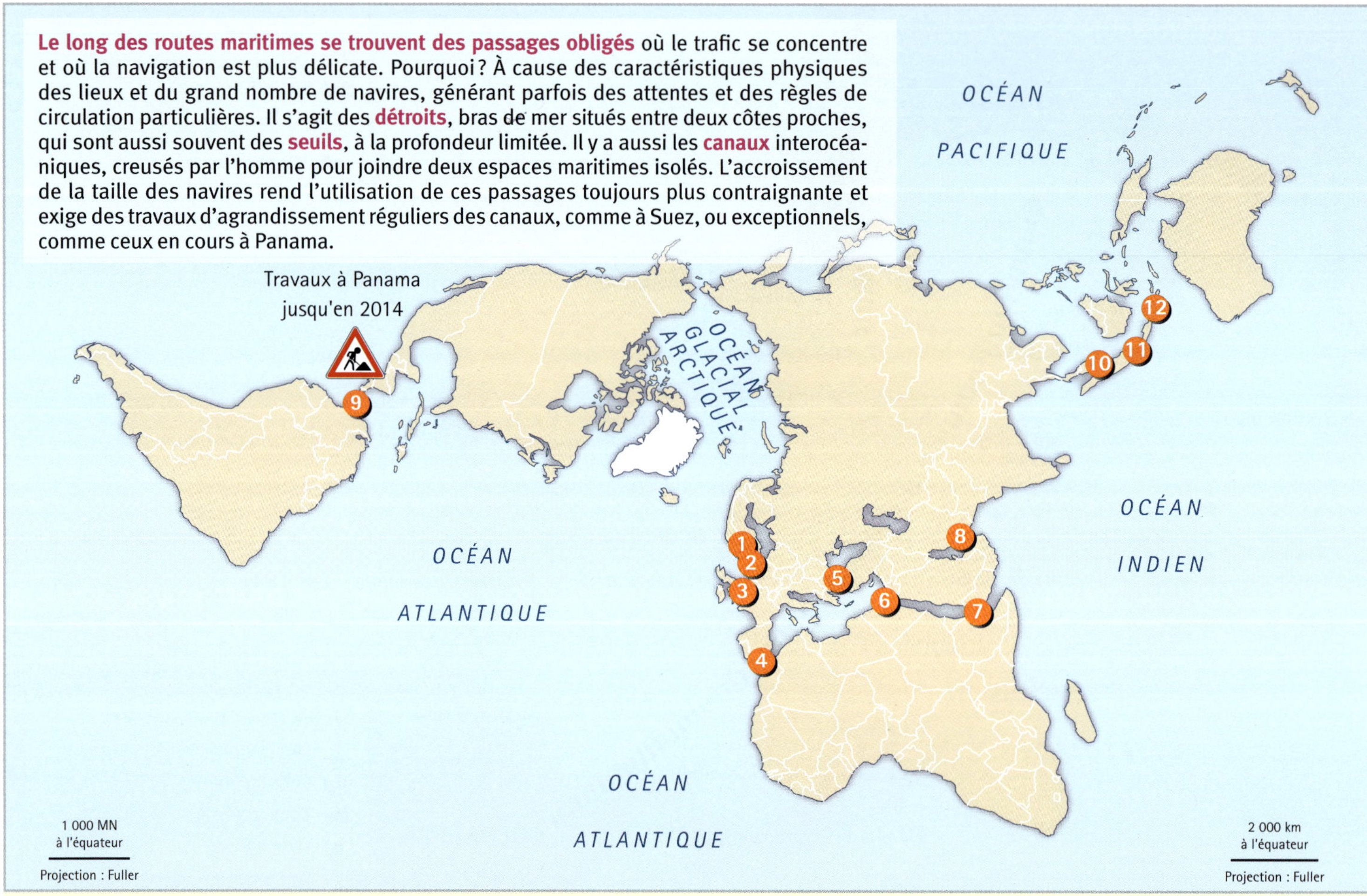

Les points de passage obligé, de véritables goulets d'étranglement sur les routes maritimes

1 Grand Belt

Suède-Danemark

40/50

3 millions

T < 19 m

2 Canal de Kiel

Allemagne

Longueur : 98 km

Largeur : 22 m

90/120

T < 11 m

3 Pas-de-Calais et Manche

France-Royame-Uni

Longueur : 220 km

Largeur : 32 km

220/240

2,6 millions

T < 22 m

4 Gibraltar[1]

Espagne-Royaume-Uni-Maroc

Longueur : 55 km

Largeur : 14 km

240/270

5 Bosphore + Dardanelles

Turqie, mais statut international

Longueur : 35/65 km

Largeur : 0,9 km

140/170

2 millions

6 Canal de Suez

Égypte

Longueur : 160 km

Largeur : 280 m

50

2 millions

T < 22 m

7 Bab-el-Mandeb

Djibouti-Érythrée-Somalie-Yemen

Longueur : 60 km

Largeur : 30 km

50/60

3,5 millions

8 Ormuz

Iran-Oman

Longueur : 55 km

Largeur : 35 km

15/20

17 millions

9 Panama[2]

Panama

Longueur : 80 km

Largeur : 32 (49) m

30/40

0,7 millions

T < 12 (15) m

10 Malacca

Indonésie-Malaisie-Singapour

Longueur > 700 km

Largeur : 2,8 km

180/210

14 millions

T < 23 m

11 Détroit de la Sonde

Indonésie

Longueur : 24 km

Largeur : 2,8 km

T < 20 m

12 Détroit de Lombok

Indonésie

Longueur : 60 km

Largeur : 18 km

Nombre de navires/jour

Barils de pétrole/jour

Circulation en rails de sens opposés

T Tirant d'eau*

Sinuosité

Piraterie

1. À Gibraltar, le trafic estimé inclut les traversées du détroit, qui empruntent le « rail » sur toute sa longueur.
2. Entre parenthèses, les normes « New Panamax » après 2014 (achèvement des travaux en cours).

LES PAVILLONS MARITIMES

Le **pavillon** est le nom donné aux drapeaux dans la marine. Certains pavillons servent à la signalisation et représentent une lettre, un chiffre ou un message prédéterminé.
Le pavillon national, arboré à l'arrière du navire (poupe) dans les ports, correspond au pays d'immatriculation.

Navire « sous grand pavois », exposant tous ses pavillons à des fins décoratives ou festives. Les flammes visibles au premier plan correspondent au codage des chiffres.

Le droit du pavillon

- Tous les objets flottants doivent être immatriculés dans un port de référence, donc avoir une nationalité, de la plus humble barque à la plateforme pétrolière ou au supertanker. Le pays d'immatriculation est celui qui est compétent pour le droit fiscal, social, pénal ou environnemental à appliquer au navire hors des mers territoriales (« droit du pavillon »).
- Cela n'affranchit pas les navires du respect des règles internationales de navigation ou des règles locales dans la zone des 12 milles ou dans les eaux intérieures, car seuls les navires de la puissance publique (flotte de guerre) bénéficient d'une forme d'extraterritorialité.

Les pavillons « de complaisance »

- Le droit de « libre immatriculation » a favorisé, depuis 1945, certains petits États, continentaux ou archipélagiques, proposant des conditions très avantageuses aux navires inscrits chez eux, tant en matière fiscale qu'en matière de droit du travail. Les deux tiers de la flotte de commerce mondiale sont ainsi passés progressivement sous ces pavillons dits « de complaisance » par les organisations syndicales, offrant le tout premier exemple de délocalisations et de « dumping social ».
- Face au risque de dégradation de la sécurité en mer, des accords entre États d'une même zone géographique organisent la surveillance des navires, prévoient des visites surprise et peuvent interdire dans leurs ports les navires d'un pavillon jugé trop dangereux (voir p. 87).

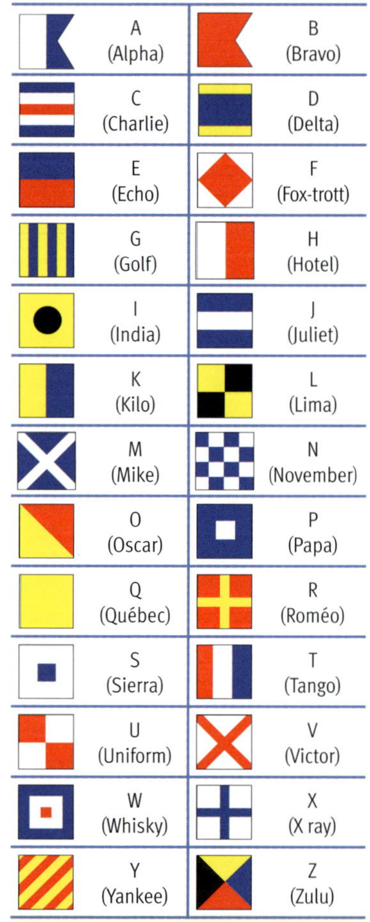

Le code international des pavillons

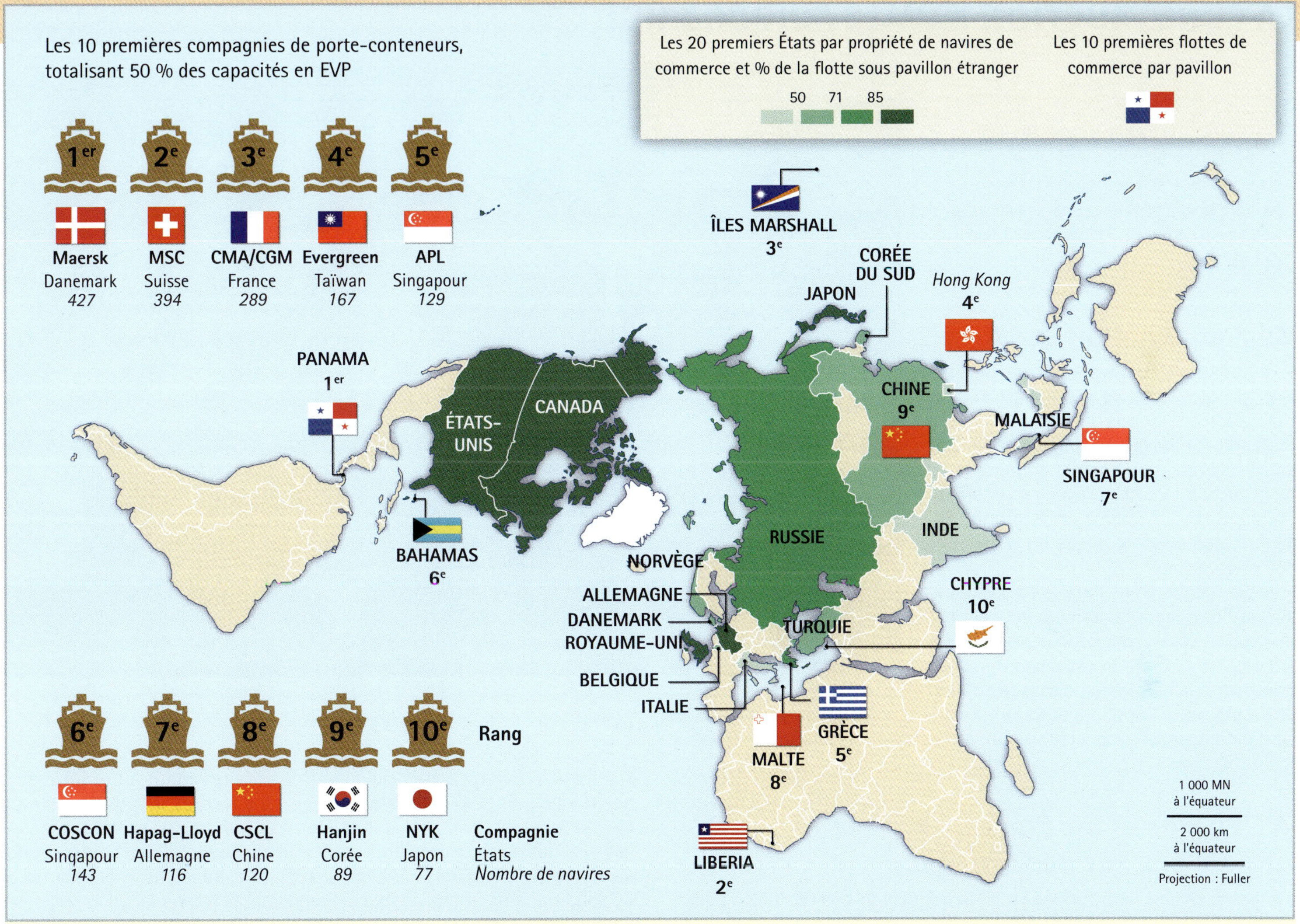

Les flottes nationales par propriétaires et par pavillons d'immatriculation

LA CONSTRUCTION NAVALE AUJOURD'HUI

Cale sèche : bassin qui peut être vidé ou mis en communication avec la mer et où sont assemblés ou réparés les navires. Sa taille détermine celle des navires pouvant y être construits (syn. : « forme » ou « forme de radoub »).

Chantier naval à Ulsan (Corée). Composantes principales : 1. Formes avec navires en construction ; 2. Grues ; 3. Portique pour blocs préfabriqués.

La domination de l'Asie

• La construction navale fait partie des activités qui ont porté la première industrialisation de l'Europe, des États-Unis puis du Japon. La Seconde Guerre mondiale a fait réaliser de gros progrès au processus de fabrication en série, avec assemblage par soudure d'éléments préfabriqués de façon à minimiser le temps d'occupation des cales sèches.

• Ces principes sont toujours appliqués aujourd'hui, mais les principaux centres de production se sont déplacés : dans les années 1970, le Japon est devenu le premier constructeur naval, dépassé 10 ans plus tard par la Corée. Aujourd'hui, c'est la Chine qui figure en haut du classement, après avoir vu le nombre de ses chantiers multiplié par 10 en moins de 20 ans.

L'Europe et les États-Unis restent compétitifs sur des « niches »

• En 2011, l'Asie a livré plus de 80 % du tonnage de navires neufs, plateformes pétrolières comprises. C'est aussi en Asie, en particulier en Inde, que sont démantelés la plupart des navires désarmés.

• Les anciens pays industriels continuent cependant à produire des navires techniques, de faible tonnage, des navires de prestige ou de plaisance (yachts, voiliers), des navires militaires, qu'ils exportent également, et des navires complexes comme les paquebots*, qui sont presque tous fabriqués en Europe (Allemagne, France, Italie), où existe un tissu de sous-traitants irremplaçable. En rachetant le Norvégien Aker Yards, le Coréen STX a d'ailleurs pris le contrôle de nombreux chantiers européens pour bénéficier de leurs savoir-faire.

La construction navale dans le monde

AU CŒUR DE LA MONDIALISATION

PARTIE IV

L’avenir de l’homme ?

Même sans donner crédit aux projets de villes posées au fond des mers, les océans apparaissent riches de possibilités pour l’homme. Des ressources déjà connues, comme les élevages ou les hydrocarbures, d’autres qu’on cherche à découvrir ou à exploiter comme les gisements de métaux ou de terres rares, le plancton ou les micro-algues, les énergies marines renouvelables, etc. Les océans pourraient jouer un rôle majeur dans la lutte contre le réchauffement climatique, la course contre la pénurie énergétique, le traitement de certaines maladies, l’éradication de la faim…

Encore faudra-t-il qu’ils résistent eux-mêmes aux menaces que l’homme, notamment, leur fait courir. L’accumulation des pollutions aux hydrocarbures, aux plastiques ou aux produits chimiques crée des « zones mortes* », présentes dans tous les océans et qui s’étendent. La surpêche* qui menace deux tiers des espèces marines à brève échéance s’ajoute aux atteintes à la biodiversité des profondeurs. Les vers de Valéry témoignent d’une illusion, celle d’un Océan immuable, invulnérable grâce à son immensité ; certes l’Océan est immense, mais il n’est pas infini et ses blessures nous reviennent en boomerang à l’heure où plus que jamais nous comptons sur lui. Il est grand temps de le soigner.

« Midi le juste y compose de feux
La mer, la mer, toujours recommencée
Ô récompense après une pensée
Qu’un long regard sur le calme des dieux ! »

Paul Valéry, *Le cimetière marin*, 1920.

Page ci-contre : *SeaOrbiter*, projet de l’architecte de la mer J. Rougerie (*Nausicaa, Oceanopolis…*). Mesurant 58 m de haut, dont 31 immergés, *SeaOrbiter* est le seul vaisseau au monde qui permettra l’exploration 24 heures sur 24 sur de longues durées au cœur des océans. Il proposera une grande aventure humaine internationale du XXIe siècle à vocation éducative, scientifique et pédagogique, dans la grande tradition des explorations des siècles passés. Dérivant sur les océans au gré des grands courants marins, cette plateforme unique en son genre permettra aux plongeurs et aux robots sous-marins embarqués d’explorer la vie marine des grandes profondeurs, les failles sous-marines et les vestiges engloutis, de découvrir et de valoriser un univers de richesses encore inexploré.

CITES : convention internationale signée à Washington en 1973 à laquelle adhèrent 177 États et qui répertorie 5 000 espèces animales et 28 000 espèces végétales dont la commercialisation est sévèrement contrôlée.

Des océans dépeuplés ?

- La biodiversité océanique est exceptionnelle, mais elle est fragile. Depuis 1950, 7 % des espèces marines ont disparu et un tiers des espèces pêchées ont vu leurs effectifs diminuer de 90 % !
- La pollution aura aussi des conséquences : le réchauffement climatique, par exemple, en élevant la température des océans, pourrait faire migrer des populations entières de poissons mais aussi tuer les espèces sédentaires comme les coraux, sensibles aux plus infimes variations de température de l'eau. Des poissons autrefois réputés ont déjà disparu : hareng de la Baltique ou de la mer du Nord, qui firent la fortune des pêcheries nordiques, anglaises ou hollandaises.
- Inversement, les baleines, très menacées au milieu du XXe siècle, ont été sauvées grâce à l'interdiction quasi-totale de leur chasse en 1975.

La biodiversité marine menacée. De nombreuses espèces liées aux espaces maritimes (poissons, mammifères, amphibiens...) sont menacées d'extinction.

Ours polaire

Chinchard

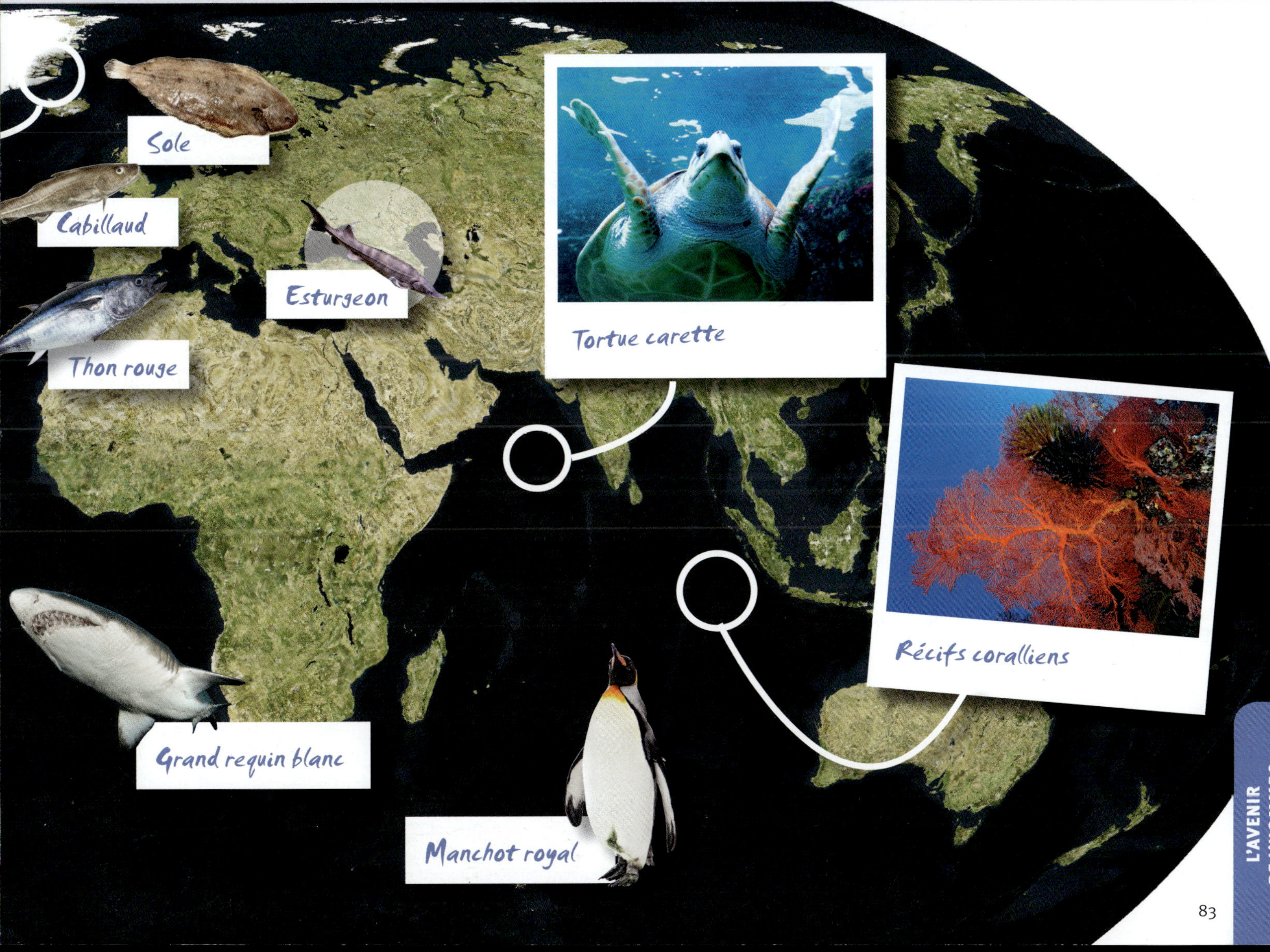

L'AVENIR DE L'HOMME ?

PÊCHER, JUSQU'À QUAND ?

Pêche durable : pratique de pêche permettant d'éviter l'épuisement du stock de poissons en adoptant des techniques de pêche moins destructrices du biotope et en limitant les quantités et l'âge des poissons capturés en fonction de l'état des populations, évaluées par sondage.

Une pêche de plus en plus industrielle

• Les techniques de pêche ont beaucoup profité des améliorations de la navigation ou des armes navales : l'application des sonars à la grande pêche, l'apparition dès les années 1960 de navires usines qui traitent et congèlent le poisson au plus près des lieux de pêche, la pêche à grande profondeur (2000 m et plus) depuis les années 1980 ont considérablement accru la productivité.

• Les captures ont ainsi pu satisfaire une demande en forte augmentation, que ce soit pour les espèces consommées par l'homme ou pour celles utilisées en farine dans les élevages. La consommation de poisson ne cesse en effet de croître avec l'élévation du niveau de vie : depuis 1950, elle a été multipliée par presque 5.

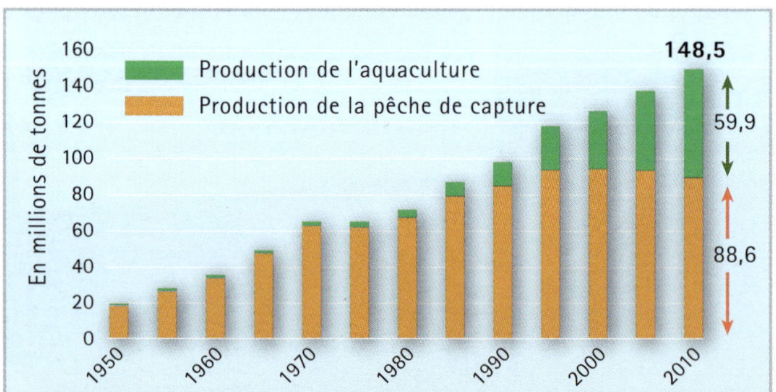

Les captures de poissons et l'acquaculture de 1950 à nos jours

Deux types de menace

• Pour faire face, la production de l'aquaculture a été multipliée par 12 en 30 ans et fournit aujourd'hui 40 % de la consommation mondiale d'espèces marines. Mais l'élevage nécessite de grandes quantités de poissons de petite taille (anchois, sardines, chinchards...), ce qui accentue la surpêche* et menace toute la chaîne alimentaire.

• Par ailleurs, la pollution est à l'origine de la multiplication des « zones mortes* », sans oxygène, et de « vortex* » où les déchets plastiques décomposés, d'une très grande longévité, se concentrent en véritables « soupes » sur des surfaces représentant de 1 à 6 fois la France et dangereuses pour tous les organismes marins.

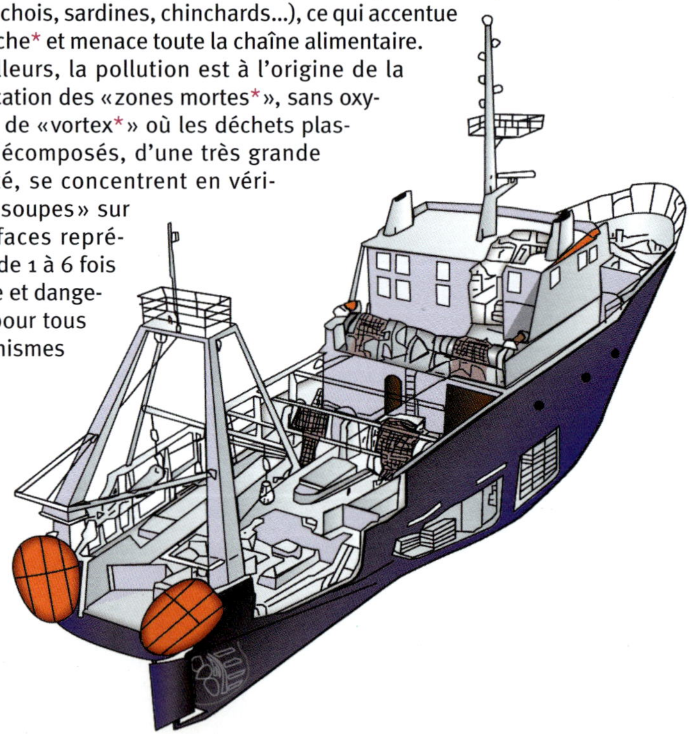

Chalutier de conception récente. Ces navires sont de taille modeste par rapport aux navires usines industriels : les plus grands dépassent 200 m de long et peuvent congeler plus de 10 000 tonnes de poissons par campagne.

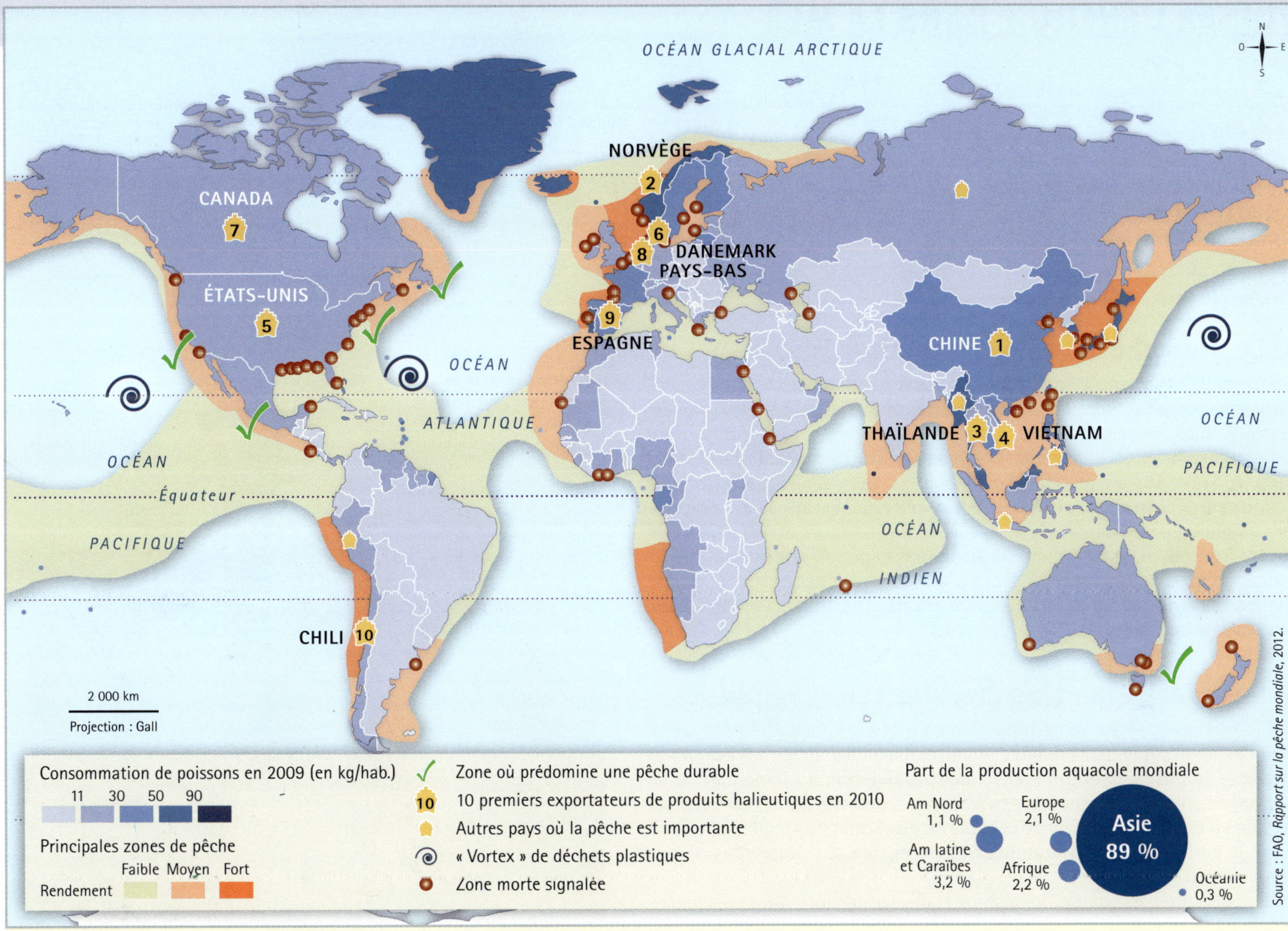

La surpêche* dans le monde

L'AVENIR DE L'HOMME ?

PUISER L'ÉNERGIE DANS LA MER

Off-shore : littéralement « loin des côtes » ; sens premier : activité exercée en mer, au large. Sens élargi : à l'étranger, ou dans des conditions légales douteuses (« comptes off-shore » dans les paradis fiscaux).

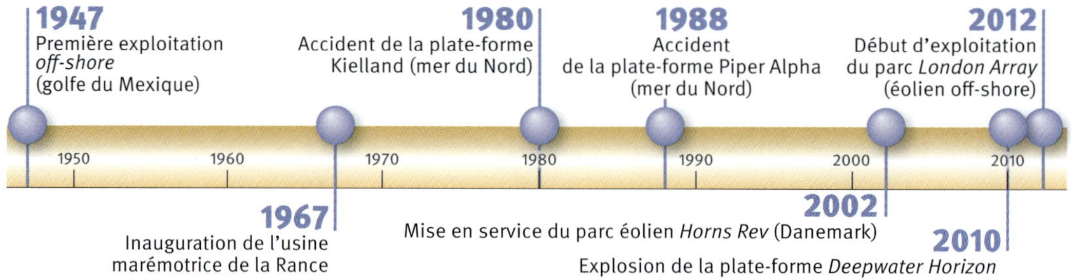

Le nouvel Eldorado des hydrocarbures

• Gaz et pétrole *off-shore* sont exploités depuis un demi-siècle mais constituent une des ressources les plus prometteuses pour les pétroles conventionnels. L'amélioration des techniques de forage à grande profondeur permet l'exploitation de champs situés à une dizaine de kilomètres de la surface, dont 2 000 à 2 500 m de colonne d'eau. Les gisements sous-marins fournissent déjà un tiers de la production et cette part est appelée à augmenter compte tenu de l'importance des recherches en cours et des gisements encore à découvrir, sauf recours massif aux gaz et pétroles de schiste.

• Néanmoins, l'exploitation à grande profondeur n'est pas sans risque comme l'a montré l'accident de *Deepwater Horizon* en 2010, à l'origine d'une des plus graves marées noires de l'histoire.

Les EMR (énergies marines renouvelables)

• L'Europe compte sur les énergies liées à la mer pour atteindre 20 % d'électricité produits par énergies renouvelables d'ici 2020 : les éoliennes *off-shore* sont déjà opérationnelles au Royaume-Uni, au Danemark et en Allemagne, bientôt en France ; les hydroliennes, activées par le courant, sont en cours d'essai ; l'utilisation de la houle ou des écarts de température entre eaux de surface et eaux profondes en sont encore aux prototypes ou aux démonstrateurs.

• Les contraintes, les coûts d'installation et de maintenance et les puissances limitées en font surtout des solutions locales, aptes à assurer l'autonomie de populations peu nombreuses.

Un exemple d'une énergie renouvelable tirée de la mer : les hydroliennes. Une partie de la tour peut tourner pour s'adapter au mieux aux courants. Comme pour une éolienne, le courant entraîne les pales dont le mouvement, démultiplié à l'intérieur de la turbine, génère un courant électrique transmis à terre par un câble posé ou enterré au fond.

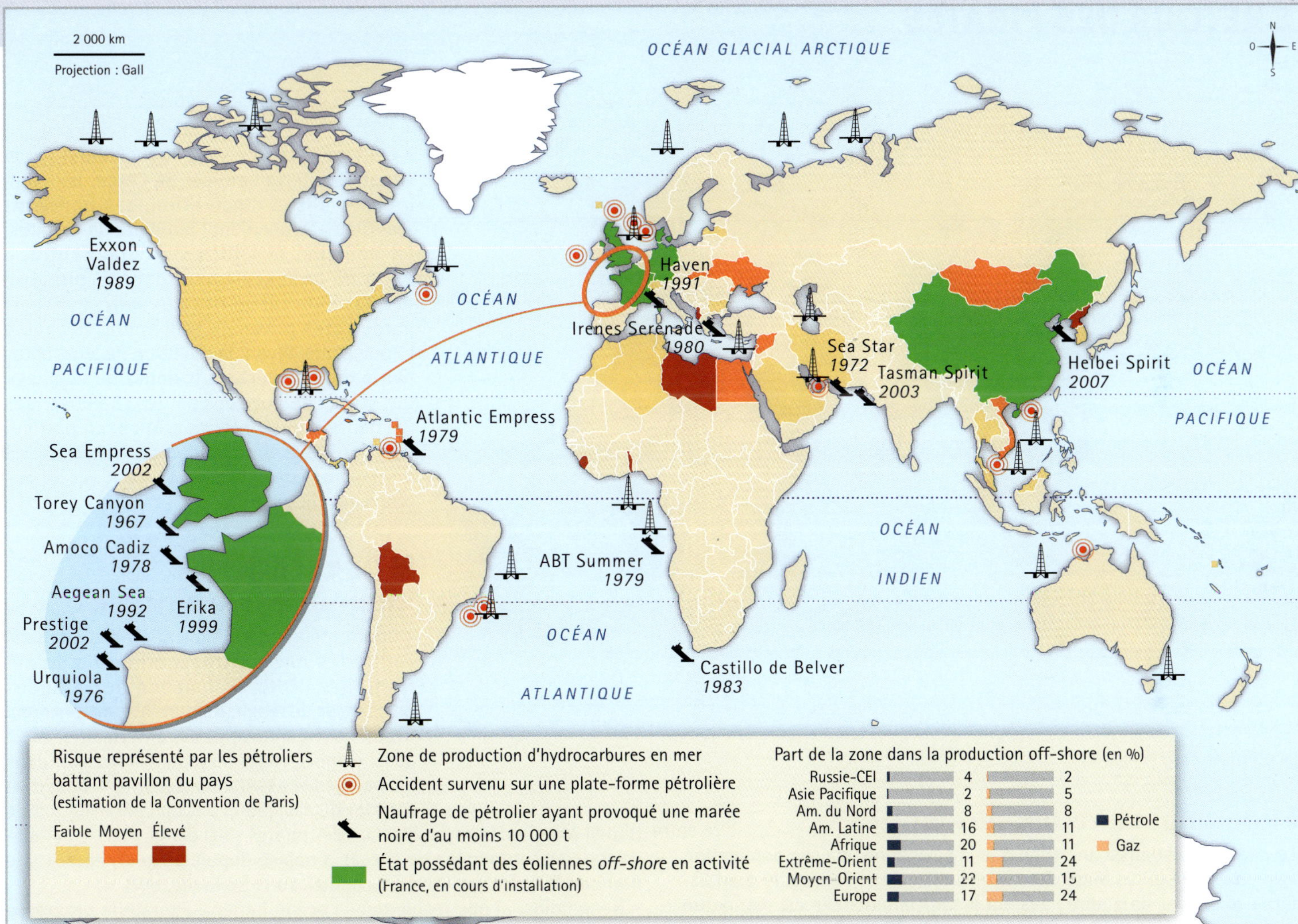

Les hydrocarbures et la mer

LE RETOUR DES PIRATES

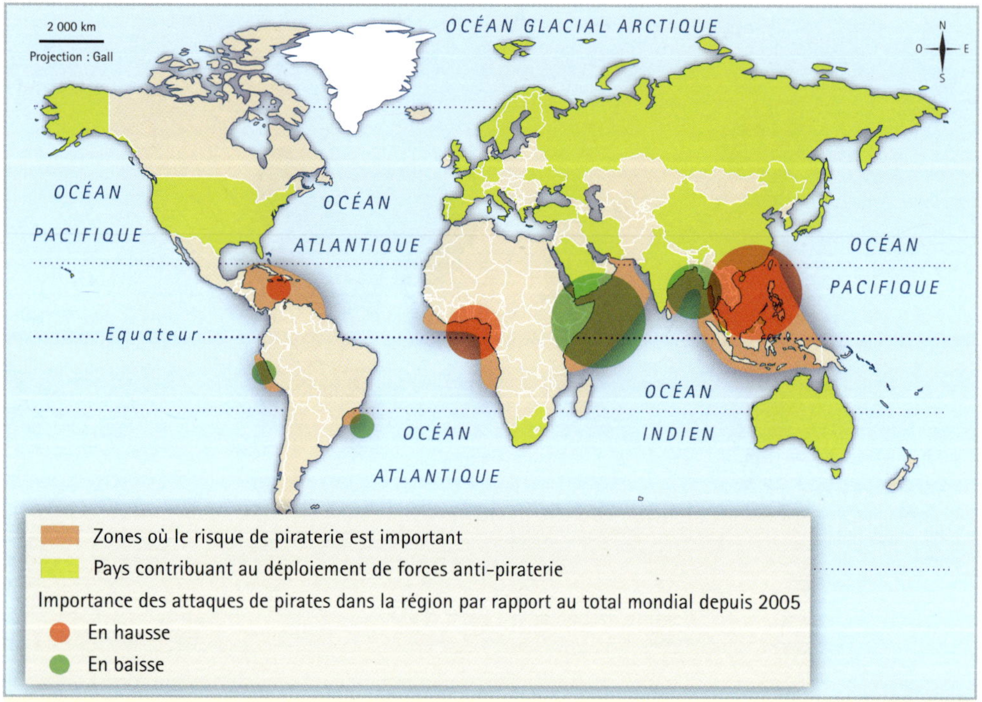

La piraterie dans le monde

Pourquoi un retour des pirates ?

• La piraterie* est aussi ancienne que la navigation, mais la domination anglo-saxonne sur les mers depuis le XIXe siècle et l'efficacité grandissante des navires de guerre l'avaient fait disparaître. Elle est réapparue dans les années 1990, principalement dans l'océan Indien* et ses abords (détroit de Malacca et mer de Chine*).

• Cette renaissance s'explique d'abord par la situation à terre : en mer de Chine, les nombreuses îles et l'incertitude des frontières maritimes favorisaient l'impunité des pirates. En Somalie, la faillite de l'État central a entraîné le basculement dans la piraterie de plusieurs catégories de marins: anciens garde-côtes privés de traitement, pêcheurs impuissants devant la pollution de leurs côtes par le rejet de déchets toxiques ou le pillage des stocks de poissons par les chalutiers des pêcheurs industriels, asiatiques en particulier. Une vaste zone de non-droit au Nord-Est du pays est devenue le refuge idéal de ces nouveaux flibustiers.

Une réaction internationale efficace ?

• Confrontée à la multiplication des attaques contre les navires transportant l'aide alimentaire, l'ONU a demandé aux grandes puissances de réagir. Aujourd'hui, de très nombreux navires européens, américains, mais aussi chinois, russe ou japonais croisent dans les parages et assurent la sécurité le long d'un corridor de navigation passant par le détroit de Bab-El-Mandeb. Le rayon d'action des pirates s'est élargi, mais le nombre d'attaques couronnées de succès a baissé depuis 2010 et, en 2012, le nombre de tentatives est redescendu à son niveau de 2008.

• Néanmoins, si elle recule dans l'océan Indien, la piraterie progresse dans le golfe de Guinée, où elle cible plutôt les navires et plates-formes pétrolières.

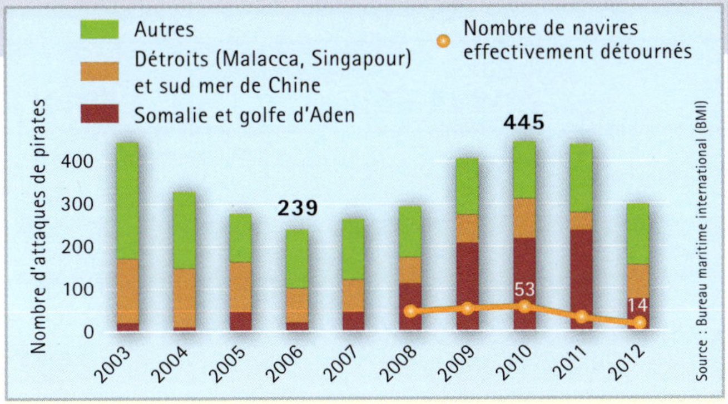

Le nombre d'attaques de pirates par zones géographiques

La Somalie, un État défaillant jusqu'en 2012
- Frontières officielles de la Somalie
- Région indépendante de fait du pouvoir central
  - Somaliland
  - Puntland
- Reconquête appuyée par des forces africaines

Des pirates de plus en plus audacieux
- Base arrière des pirates
- Extension des attaques de pirates en 2005
- Extension des attaques de pirates en 2011

Une réaction internationale qui monte en puissance
- Missions de protection de la navigation civile
- Couloir de navigation où les navires circulent en convoi escorté
- Bases utilisées par les forces internationales
- Ports de commerce majeurs de la région

La Somalie, un État au cœur de la piraterie* mondiale

LES ENJEUX DE L'OCÉAN ARCTIQUE

Le mot Arctique est dérivé de « ours », en grec, en référence aux constellations (Petite Ourse et Grande Ourse) situées au-dessus du pôle Nord. Syn : boréal, polaire. Ant : antarctique (pôle Sud), austral.

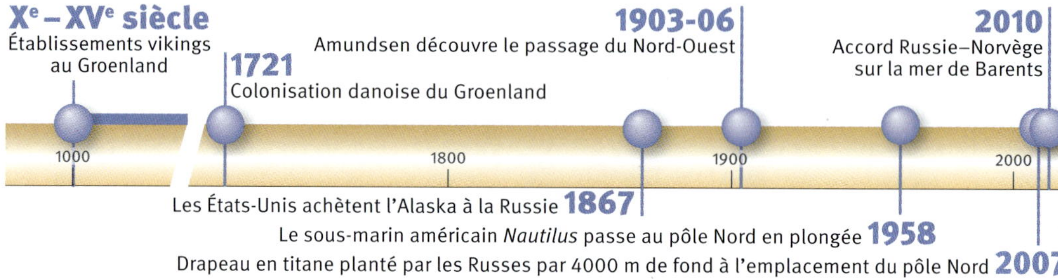

Un espace à la convergence des évolutions

Les pôles semblent plus exposés au réchauffement climatique, qui y provoque un recul de la banquise* et des glaciers. Dans l'océan Arctique, la fonte estivale tend à laisser libre plusieurs semaines des voies maritimes plus courtes entre l'Atlantique* et le Pacifique*. Elle pourrait faciliter la pêche et l'exploitation des ressources minérales et en hydrocarbures. Des routes maritimes nouvelles, celle du Nord-Est le long des côtes russes paraît la plus praticable dès maintenant et a d'ailleurs enregistré un début de trafic commercial, notamment pour le transport du gaz sibérien, tandis que le passage du Nord-Ouest est moins décisif en gain de temps et impose plus de contraintes et de risques.

Une zone test du pouvoir de la communauté internationale

Contrairement à l'Antarctique, protégé par la difficulté d'accès et par un statut international qui en fait une réserve naturelle, l'océan Arctique fait l'objet de revendications d'extension du plateau continental par ses riverains, dont la Russie et le Canada, qui réclament chacun le pôle Nord. Si toutes les extensions étaient acceptées par l'ONU, il ne resterait dans le plus petit océan du globe que 10 % de haute mer, enclavée au milieu des ZEE*. La Russie à elle seule s'en attribuerait le tiers. Mais si la Commission juridique ne lui donne pas raison, qui empêchera la flotte russe d'imposer sa souveraineté sur un océan où la prospection et l'exploitation des hydrocarbures se mettent déjà en place ?

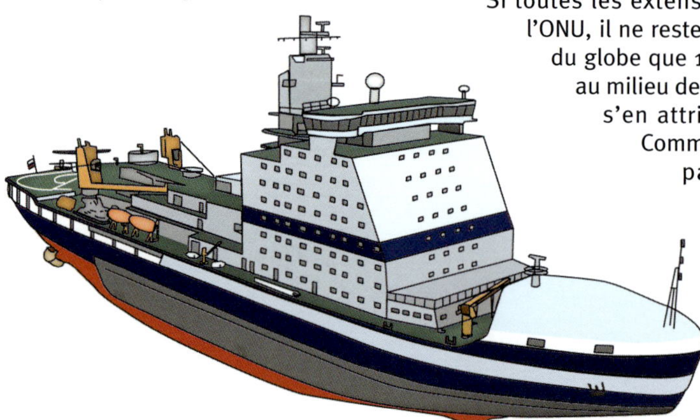

Modèle du futur brise-glace nucléaire russe
Un brise-glace est un navire avec une coque renforcée et d'un profil particulier à l'avant (proue) et doté d'une très grande puissance motrice. La propulsion nucléaire, utilisée depuis très longtemps par les Soviétiques, donne en plus une autonomie totale. Destiné à remplacer les anciens modèles, construits pour certains il y a 50 ans, ce navire pourra briser des épaisseurs de glace entre 2,5 et 3 m, intervenir en sauvetage grâce à ses 2 hélicoptères et aura un tirant d'eau* adaptable par un système de ballasts pour opérer en mer et dans l'embouchure des fleuves.

Les enjeux de l'océan Arctique

« C'est pas l'homme qui prend la mer, c'est la mer qui prend l'homme. »
(R. Séchan)

2008
La « Transat »
Loïc Peyron – *Gitana Eighty*

2010
Route du Rhum
Franck Cammas – *Groupama III*
Barcelona World Race
Dick & Peyron – *Virbac-Paprec III*

2011
Transat Jacques Vabre
Dick & Beyou – *Virbac-Paprec III*

2011-12
Volvo Ocean Race
Franck Cammas – *Groupama IV*

2012
Sydney-Hobart
Wild Oats XI (Record de l'épreuve)
Trophée Jules Verne
Loïc Peyron – *Maxi-Banque populaire V*
Québec-Saint-Malo
Halvard Mabire – *Campagne de France*

2012-13
Vendée Globe
François Gabart – Macif
(Record de l'épreuve)

LES DERNIÈRES ÉDITIONS DES COURSES AU LARGE ET LEURS VAINQUEURS

La magie de la course au large

• Il existe de multiples compétitions de nautisme, mais les plus anciennes, comme l'*America's Cup* (1851), sont plutôt des régates, où des équipages montrent leur dextérité sur des parcours délimités par des bouées, sur des plans d'eau en vue des côtes. Souvent issues de passe-temps aristocratiques, leur intérêt échappe largement au profane.

• Inversement, le grand public se passionne de plus en plus pour les courses au large, la plupart en solitaire, car bien qu'il ignore largement ce qui se passe en mer, le défi physique de ces longues navigations et des conditions météorologiques en fait de véritables odyssées modernes. La plus ancienne est la Sydney-Hobart (créée en 1945), moins prestigieuse cependant que la « Transat anglaise », créée en 1960 et remportée à 10 reprises par un navigateur français.

Sport, aventure ou industrie ?

• La course au large a ses aventuriers, comme Bernard Moitessier, parti pour remporter le premier tour du monde en solitaire en 1968 et qui préféra continuer à naviguer plutôt que de revenir à son point de départ, couvrant plus de 37 000 milles en 300 jours de navigation sans escale. Elle a ses martyrs, comme Alain Colas, vainqueur de la Transat en 1972 et disparu lors de la première Route du Rhum (1978). Elle a enfin ses légendes, comme Éric Tabarly, premier vainqueur français de la Transat (1964), disparu en mer en 1998 dans un banal convoyage, ou Loïc Peyron, triple vainqueur de la Transat.

• Les courses se sont multipliées, comme les catégories de bateaux (monocoques, multicoques...) et les records ne cessent de tomber, preuve de l'amélioration incessante des techniques de construction et des instruments de navigation.

La famille Pen Duick en croisière en Méditerranée (2012)

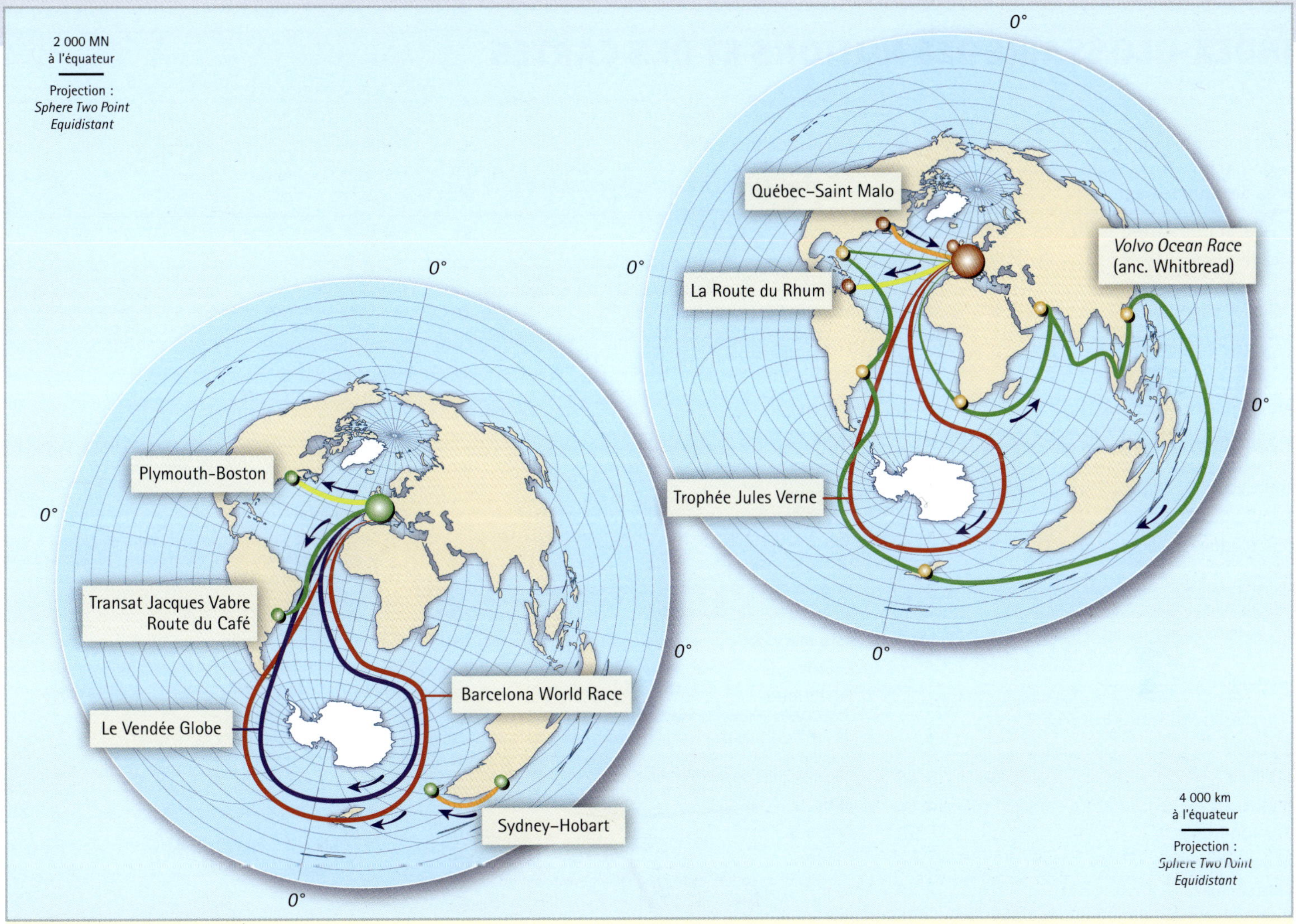

Les grandes courses au large

INDEX-GLOSSAIRE DES NOTIONS ET DES CARTES

Tous les mots indexés ici sont signalés dans le texte par un « * » ou bien définis dans les encadrés de haut de page.

En caractères bleu italiques : les cartes de l'atlas.

INDEX-GLOSSAIRE DES NOTIONS ET DES CARTES

INDEX-GLOSSAIRE DES NOTIONS ET DES CARTES

Sens premier : commerce (sous-entend souvent un rapport inégal). Couramment utilisé pour désigner le commerce des esclaves depuis l'Afrique (traite négrière) vers les États musulmans comme l'Empire ottoman (traite orientale) et vers les Antilles et l'Amérique (traite Atlantique).

Location d'un navire pour une durée ou un nombre de trajets déterminé. S'oppose à l'organisation en lignes, qui desservent régulièrement les mêmes ports.

Compagnie hollandaise des Indes orientales, fondée au début du XVIIe siècle par réunion de plusieurs compagnies antérieures.

Terme de physique désignant des phénomènes de tourbillons. Utilisé pour décrire les zones où les courants marins s'enroulent en boucles et concentrent les déchets plastiques.

Parties de l'océan où la pollution entraîne un appauvrissement provisoire ou définitif en oxygène provoquant la disparition des espèces animales et végétales.

Crédits photographiques

p. 5: Philip Plisson • **p. 19-hg**: GettyImages/Thinkstock/iStockphoto • **p. 19-bg**: Image courtesy NASA/ GSFC/ERSDAC/JAROS, and the U.S./Japan ASTER Science Team • **p. 19-d**: GettyImages/ Thinkstock/iStockphoto • **p. 21-g** : Image courtesy NASA/GSFC/MITI/ERSDAC/JAROS • **p. 21-hd**: GettyImages/Thinkstock/iStockphoto • **p. 21-bd**: Hoa-Qui/Philippe Roy • **p. 25**: Leemage/ FineArtImages • **p. 26**: BnF, Paris • **p. 27** : « D'après la carte du SHOM n° 7093, Ne pas utiliser pour la navigation » Autorisation de reproduction n° 96/2013 • **p. 32**: Jean-Marc Kiener • **p. 36**: Bridgeman Giraudon/Coll. Peter Newark's Pictures • **p. 46**: Reuters • **p. 48**: AFP • **p. 53**: Port of Hamburg Marketing/M. Lindner • **p. 58**: © G.P.M.H. • **p. 62**: GettyImages/Thinkstock/Comstock • **p. 63**: Royal Caribbean • **p. 64**: Image courtesy NASA/JSC/William L. Stefanov • **p. 76**: GettyImages/Thinkstock/iStockphoto • **p. 78**: Philip Plisson • **p. 81**: © SeaOrbiter ® /Jacques Rougerie • **p. 82-h**: GettyImages/Thinkstock/iStockphoto • **p. 82-b**: DR • **p. 83**: GettyImages/Thinkstock/iStockphoto, sauf Tortue carette : Fotolia/Yggdrasill, et Récifs coralliens : GettyImages/Thinkstock/ Comstock • **p. 92**: Gilles Martin-Raget •

Remerciements :
Nous remercions la société SeaOrbiter pour leur gracieuse autorisation de reproduction et Dorothée Martin pour sa collaboration.

Mise en page : Acquansù, Ajaccio

Cartographie – infographie (conception et réalisation) : Alexandre Nicolas (www.le-cartographe.net)

Infographie : Orou Mama, pages 22, 26, 28 haut et bas, 30 h. et b., 32, 34, 36, 38 h. et b., 40 h. et b., 42 h., 44 h., 48, 50 h. et b., 54 h., 56, 60, 61, 62 h., 64, 66 h., 68 h., 84 dr., 86 h. et b., 90 h. et b., 92 h.

Illustrations 3D : Jean-Benoît Bouron (La Géothèque – www.geotheque.org), pages 10, 14, 18, 20, 22, 54, 68

IMPRIM'VERT®

Imprimé en France par Chirat – 42540 Saint-Just-la-Pendue
N° d'imprimeur : 201611.0053 - Dépôt légal : avril 2013
N° d'édition : 70117553-02/nov2016